第47回 第52回 第60回

聞き取り問題
MP3
付

韓国語能力試験 過去問題集 TOPIK Ⅱ

NIIED（韓国国立国際教育院）
編集 公益財団法人韓国教育財団

SANSHUSHA

TEST OF PROFICIENCY IN KOREAN

公式ホームページ

Twitter

Facebook

Instagram

YouTube

韓国語能力試験（TOPIK）実施にあたって

韓国語能力試験（以下、TOPIK）は、大韓民国政府機関である教育省（文部科学省相当）が認定・実施する唯一の韓国語（ハングル）の語学国家試験です。TOPIK は、韓国語を母語としない在外同胞や韓国語を学ぶ外国人に対して学習の方向性を提示し、かつ韓国語の普及及び拡大を図ることを目的としております。

本試験は、どなたでも受験ができ、幅広い年齢層の方が受験しております。2020 年は新型コロナの影響によりほぼ実施ができませんでしたが、翌年には 2019 年と比較すると 1.5 倍に受験者が増え、4 万人以上を記録しました。韓流というブームの影響も非常に大きかったとは思いますが、試験会場の数を拡大したことで受験者のアクセス性を高め、運営側としてはマニュアルの強化、近年に至っては Twitter や Instagram、YouTube チャンネルの開設など、SNS を通した情報発信などさまざまな取り組みを行った点も要因と考えられます。

また、本試験の結果は、学校での単位の認定、奨学金の受給や韓国留学、企業における職員採用や人事考課の評価基準など、さまざまなところで活用されています。なお、日本政府観光局が行う通訳案内士試験では、TOPIK 6 級合格者は韓国語科目試験が免除されます。

ただ、このような目的以外でもご自身の学習成果の確認といった趣味の延長で受験される方が 7 割もいるのは日本独特の大きな特徴です。

このように多様な目的を持つ韓国語学習者をはじめ、韓国語を指導する方にもより良い環境づくりをすべく今後とも邁進いたします。

主催：　大韓民国教育省
国立国際教育院（NIIED）

主管：　駐日本国大韓民国大使館
公益財団法人韓国教育財団

第 90 回

受験申請	**2023 年 7 月11日（火）～7 月 25 日（火）15 時まで**
試験日	**2023 年10月15日（日）**
結果発表日	**2023 年11月30日（木）　15 時から**

音声について

本書の付属 MP3 には以下のものが収録されています。

第 47 回聞き取り問題（1 ～ 50）

　ファイル名　01_47th_TOPIK II.mp3 ～ 50_47th_TOPIK II.mp3

第 52 回聞き取り問題（1 ～ 50）

　ファイル名　01_52nd_TOPIK II.mp3 ～ 50_52nd_TOPIK II.mp3

第 60 回聞き取り問題（1 ～ 50）

　ファイル名　01_60th_TOPIK II.mp3 ～ 50_60th_TOPIK II.mp3

＊出題番号とファイル名の冒頭の番号は一致しています。

＊答えを解き､記入するためのポーズも収録してあります（実際の試験と同じ時間です）。

聞き取り問題 1 ～ 20 について

・文章は 1 回のみ読み上げられます。

聞き取り問題 21 ～ 22 について

・最初に韓国語の文が 2 回読み上げられ、その後「21 번」と問題番号が読みあげられます。その後は答えを解き、記入するためのポーズになっています。

・その次の音声ファイルでは「22 번」という番号のみが読み上げられ、その後はポーズになっています（番号以外は収録されていません）。

・**以降の問題はすべて同様です。**

MP3 データ入りの CD です。パソコン、MP3 対応 CD プレーヤーなどで再生ができます。通常のオーディオプレーヤーでは再生できませんので、ご注意ください。

目　次

試験日程と評価基準

TOPIKは願書受付から成績の結果照会まで約4か月かかります。TOPIKの合格証明書や成績を必要とする受験者は、このような点を考慮して、詳細試験スケジュールを確認して対応する必要があります。合格基準や評価基準もレベルによって異なるため、高得点を目指す受験者や韓国語指導をされる先生は、普段から関連する内容を熟知しておくことが望ましいと思われます。

1. 試験の日程

日本では、TOPIKは年3回（4月・7月・10月）実施しております。各試験の願書受付は、試験日を基準とすると3か月ほど前から開始し、約2週間に渡って財団ホームページより受付します。受験票は原則ネットで確認していただきます。成績は、試験日より1か月後に韓国のウェブサイトにて照会ができ、印刷も可能です。印刷された成績証明書は、原本と同等の効力があるので急ぎで必要な方はこちらをご利用ください。

試験の時間割り

		試験領域	入室時間	開始時刻	終了時刻	試験時間
TOPIK Ⅰ	1時間目	聞き取り	9:30	10:00	11:40	1時間40分
		読　解				
TOPIK Ⅱ	1時間目	聞き取り	12:30	13:00	14:50	1時間50分
		筆　記				
	2時間目	読　解	15:10	15:20	16:30	1時間10分

2. 評価基準

TOPIK Ⅰ と TOPIK Ⅱ の評価基準を要約すると、TOPIK Ⅰ の１級と２級は簡単な日常会話ができるレベル、TOPIK Ⅱ の３級と４級は公共施設の利用と社会的関係形成ができるレベル、５級と６級の専門分野の研究や業務遂行が出来るレベルとなります。

各級別の評価基準

評価等級		評価基準
TOPIK I（初級）	1級	・自己紹介、買い物、飲食店での注文など生活に必要な基礎的な言語を駆使でき、身近な話題の内容を理解、表現できる。 ・約800語程度の基礎的な語彙と基本文法を理解でき、簡単な文章を作れる。 ・簡単な生活文や実用文を理解し、構成できる。
	2級	・電話やお願い程度の日常生活に必要な言語や、郵便局、銀行などの公共機関での会話ができる。 ・約1,500～2,000語程度の語彙を用いた文章を理解でき、使用できる。 ・公式的な状況か非公式的な状況かの言語を区分し、使用できる。
TOPIK II（中上級）	3級	・日常生活を問題なく過ごせ、様々な公共施設の利用や社会的関係を維持するための言語使用が可能。 ・文章語と口語の基本的な特性を区分し理解、使用が可能。
	4級	・公共施設の利用や社会的関係の維持に必要な言語機能を遂行することができ、一般的な業務に必要な機能を実行できる。 ・ニュースや新聞をある程度理解でき、一般業務に必要な言語が使用可能。 ・よく使われる慣用句や代表的な韓国文化に対する理解をもとに社会・文化的な内容の文章を理解でき、使用できる。
	5級	・専門分野においての研究や業務に必要な言語をある程度理解と使用ができ、政治・経済・社会・文化などの全般に渡った身近なテーマについて理解し、使用できる。 ・公式的、非公式的且つ口語、文語的な脈絡に関する言語を適切に区分し、使用できる。
	6級	・専門分野における研究や業務遂行に必要な言語機能を比較的正確に、流暢に使用でき、政治・経済・社会・文化などの全般的なテーマにおいて身近でないテーマに対しても不便なく使用できる。 ・ネイティブ程度までではないが、自己表現を問題なく話すことができる。

3. 合格基準

TOPIK の合格基準を級別に分けると次のとおりです。

まず、TOPIK の合格基準を百分率で換算すると、TOPIK Ⅰの場合、1 級 40.0%、2 級 70.0% に該当し、TOPIK Ⅱの場合は 3 級 40.0%、5 級 50.0%、6 級 63.4%、5 級 76.7% 以上を取得しなければなりません。

各級別の合格基準

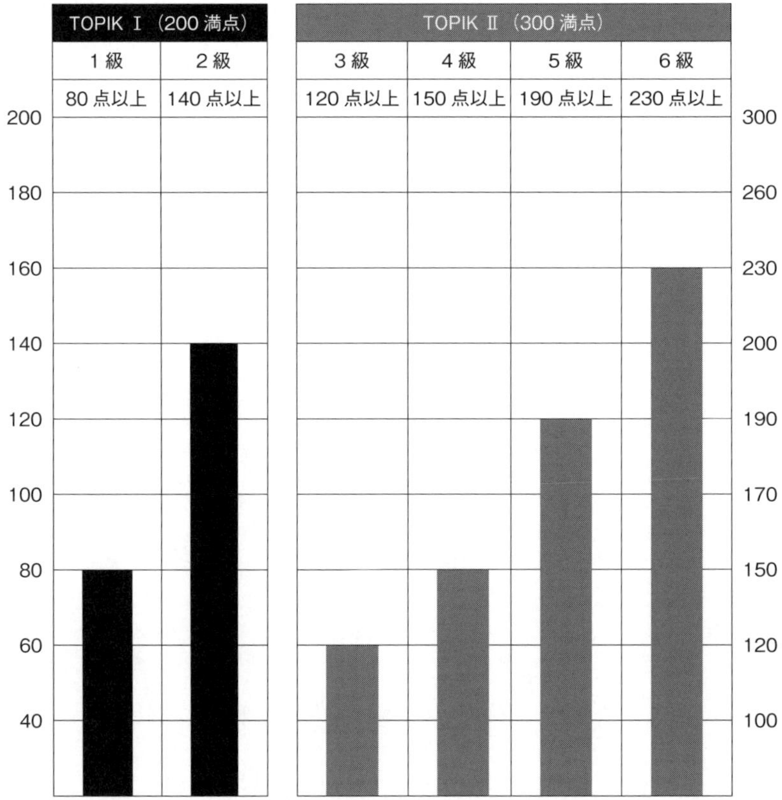

TOPIK 試験対策のための提案

TOPIK は 2014 年下半期から、従来 TOPIK 初級、TOPIK 中級、TOPIK 上級の 3 段階であったものが、TOPIK Ⅰ（1、2 級）と TOPIK Ⅱ（3、4、5、6 級）の 2 段階に変更されました。それにより、従来の中級レベルの受験者は TOPIK Ⅱを受験するため、これまでより難しい試験問題に接しなければならなくなり、学習の方向性に迷いや負担を感じているのではないでしょうか。そこで、ここでは中級レベルの受験者の負担を減らしてもらうため、第 64 回試験問題の類型の分析を通じて、受験者が目指すレベルごとに試験対策を提案します。

1. 聞き取り

聞き取り問題の主な構成は次のとおりとなります。同問題は全て対話を聞き取り質問に答える形式です。

問題の構成

	出題の傾向
1	対話の内容と合う絵を選択
2	対話を完成する
3	対話の後に続く男 or 女の行動を選択
4	対話の内容と一致する例を選択
5	対話の男 or 女の中心となる考えを選択
6	対話の内容を聞いて問いに答える （男 or 女の意図は、教養プログラム、談話、講演、ドキュメンタリーなど）

この内、韓国語の教育現場からの質問が多い TOPIK Ⅱについて重点的に本手引きで紹介します。次のページにある表を参考にしてみてください。
例えば、3 級に合格するためには 1 番から 20 番までの問題を中心に、4 級には 1 番から 30 番まで、5 級には 40 番まで、6 級には 50 番までの問題を学習することを効率的な方法として提案します。以下、「読解問題」、「筆記問題」も同様です。（各表左にある「合格の目安」を参考）

問題の詳細

合格の目安	問題の内容	詳細	問題数（各２点）
～3級 ～4級 ～5級 ～6級	内容に合う絵	対話の内容と合う絵を選択	2問（1～2）
	グラフ	対話の内容と合うグラフを選択	1問（3）
	対話の続き	対話の後に続く言葉、場所を選択	5問（4～8）
	続く行動	対話の後に続く行動	4問（9～12）
	内容一致	知人との会話、案内放送、ニュース、インタビュー	4問（13～16）
	内容の中心的な考え	17～19の対話、20番のインタビューの中心的な考えを把握	4問（17～20）
	公的対話	公的対話の中心的な考えを選択	2問（21～22）
	公共施設での業務	公共施設での業務内容を選択	2問（23～24）
	インタビュー	インタビュー内容と合うものを選択	2問（25～26）
	意見や議論	意見や議論の内容と合うものを選択	2問（27～28）
	インタビュー	インタビューの主人公は誰なのか、また内容と合うものを選択	2問（29～30）
	ディスカッション	ディスカッションの内容と合うものを選択	2問（31～32）
	講演	講演内容と合うものを選択	2問（33～34）
	現場での演説	現場での演説内容と合うものを選択	2問（35～36）
	教養プログラム	教養プログラム内容と合うものを選択	2問（37～38）
	対談	対談内容と合うものを選択	2問（39～40）
	講演の中心的な考え	講演内容と合うものを選択	2問（41～42）
	ドキュメンタリー	中心的な考え選択＆内容と合うものを選択	2問（43～44）
	講演の詳細な内容	内容と一致するもの選択＆内容と合うものを選択	2問（45～46）
	対談	内容と一致するもの選択＆男性 or 女性の行動選択	2問（47～48）
	講演	講演内容と一致するもの選択＆男性 or 女性の行動選択	2問（49～50）

2. 筆記

筆記問題は実用文、説明文などの形式で出題され、日常生活で必要な表現から社会的な問題などを中心に、短長文で出題されています。日本の受験者の TOPIK の成績は世界的にみても最も優秀ですが、作文でつまづく方が多い傾向があるので、緻密な対策が必要です。

問題の構成

	出題の傾向
1	実用文　個人的 or 案内文の文章完成（短い文章）
2	説明文完成（短い文章）
3	表 or グラフ説明（200 字～ 300 字）
4	社会的な問題について述べる（600 字～ 700 字）

筆記問題は対話の構成能力から文章の形式性まで多様な方法で評価するので、日常生活のなかで基本的な表現法などに慣れるように準備しながら、日頃から反復して練習しておくことが大事です。

問題の詳細

<table>
<tr><th colspan="3">合格の目安</th><th>問題の内容</th><th>詳細</th><th>配点</th><th>問題数</th></tr>
<tr><td rowspan="2">～3級</td><td rowspan="3">～5級</td><td rowspan="4">～6級</td><td>メール、お知らせなど</td><td>個人、案内文を完成する（短い文章）</td><td>10 点</td><td>1 問(51)</td></tr>
<tr><td>説明文</td><td>説明文を完成する（短い文章）</td><td>10 点</td><td>1 問(52)</td></tr>
<tr><td>表、グラフ</td><td>表、グラフを説明する
(200 字～ 300 字)</td><td>30 点</td><td>1 問(53)</td></tr>
<tr><td>社会的イシュー</td><td>社会的問題について自分の考えを述べる
(600 字～ 700 字)</td><td>50 点</td><td>1 問(54)</td></tr>
</table>

3. 読解

読解問題は、文や図の理解、核心内容の把握、文章の正しい配置など次のように9つの類型で出題されています。

問題の構成

	出題の傾向
1	指示文が表すものを選択
2	文や図に合うものを選択
3	正しい順番に並べる
4	空欄に入る内容
5	新聞記事の見出しの解釈
6	内容と一致するものを選択
7	文章の主題
8	文章が入る位置
9	問いに答える

問題の詳細

出題傾向を具体的に見ると、読解問題は文法、類似表現の選択、案内文や新聞の説明文の核心となる内容についての意味の把握など、多様な形態で出題されていることが分かります。長い文章も多いので日頃の練習が重要ですが、試験時間の確保のため、場合によっては問題の選択と集中など戦略的アプローチも必要です。

合格の目安	問題の内容	詳細	問題数（各２点）
〜3級 〜4級 〜5級 〜6級	正しい文法	空欄に入る表現を選択	２問（1 〜 2）
	似ている表現	意味の似ている表現を選択	２問（3 〜 4）
	広告、案内文の意味把握	広告、案内文の意味と一致するものを選択	４問（5 〜 8）
	案内文やグラフの意味把握	案内文やグラフが意味するものを選択	２問（9 〜 10）
	新聞記事の意味把握	新聞記事が意味するものを選択	２問（11 〜 12）
	文の順番を正しく並べる	４つの文を正しい順番にする	３問（13 〜 15）
	空欄に入る内容	空欄に入る内容を選択	３問（16 〜 18）
	説明文の意味把握	説明文と一致するものを選択	２問（19 〜 20）
	説明文の意味把握	文章の中心的考え、慣用表現、ことわざを選択	２問（21 〜 22）
	日記やエッセイの意味把握	登場人物の気分や内容と一致するものを選択	２問（23 〜 24）
	新聞記事の見出し把握	新聞記事の見出しに合った説明を選択	３問（25 〜 27）
	空欄に入る内容	中文（５行〜６行）の空欄に入る内容を選択	４問（28 〜 31）
	説明文の内容把握	中文（５行〜６行）の内容と一致するものを選択	３問（32 〜 34）
	文の主題把握	中文（５行〜６行）の主題として一番いいものを選択	４問（35 〜 38）
	文の位置選択	提示した文章が入る位置を選択	３問（39 〜 41）
	問いに答える	長文（10 行〜 16 行）の内容と一致するもの選択	９問（42 〜 50）

TOPIK

Test of Proficiency In Korean

第47回 TOPIK II

聞き取り問題
50問　60分

書き取り問題
4問　50分

유 의 사 항
Information

1. 시험 시작 지시가 있을 때까지 문제를 풀지 마십시오.
   Do not open the booklet until you are allowed to start.

2. 수험번호와 이름을 정확하게 적어 주십시오.
   Write your name and registration number on the answer sheet

3. 답안지를 구기거나 훼손하지 마십시오
   Do not fold the answer sheet: keep it clean.

4. 답안지의 이름, 수험번호 및 정답의 기입은 배부된 펜을 사용하여 주십시오.
   Use the given pen only.

5. 정답은 답안지에 정확하게 표시하여 주십시오.
   Mark your answer accurately and clearly on the answer sheet
   marking example ① ● ③ ④

6. 문제를 읽을 매에는 소리가 나지 않도록 하십시오.
   Keep quiet while answering the questions.

7. 질문이 있을 매에는 손을 들고 감독관이 올 때까지 기다려 주십시오.
   When you have any questions, please raise your hand

[1~3] **다음을 듣고 알맞은 그림을 고르십시오.** (각 2점)

1. ①

②

③

④

2. ①

②

③

④

3. ①

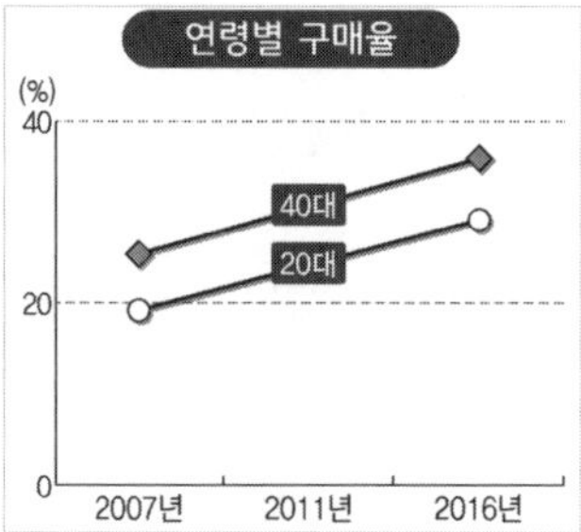

②

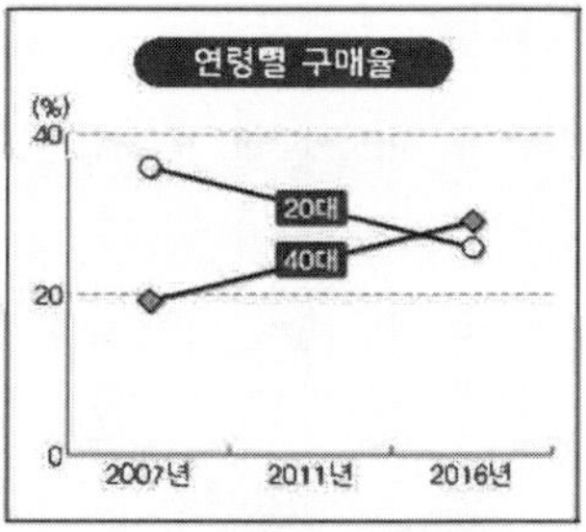

③

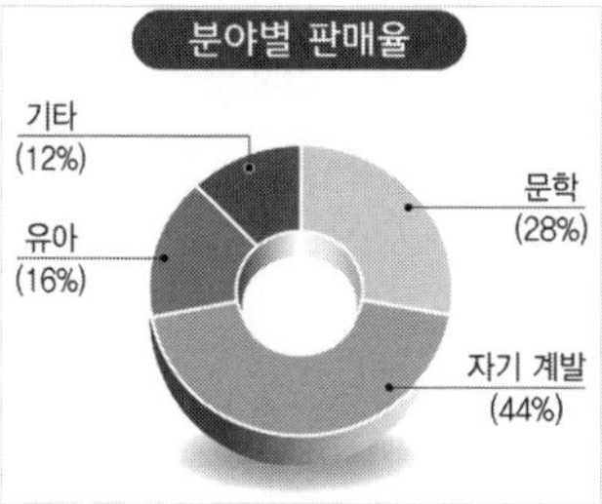

④

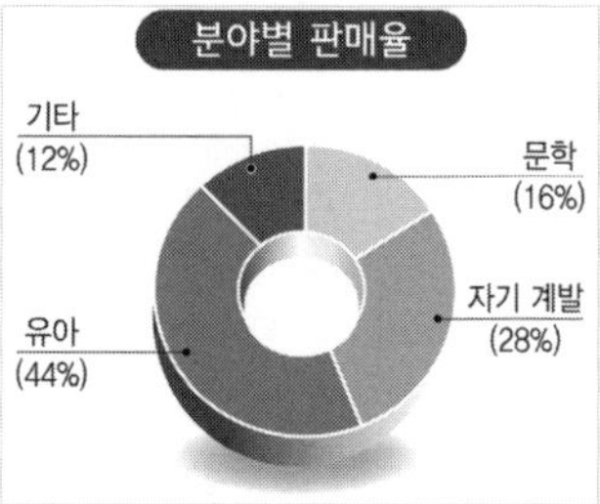

[4 ~ 8] **다음 대화를 잘 듣고 이어질 수 있는 말을 고르십시오.** (각 2점)

4.
① 점심시간이 몇 시예요?
② 점심 맛있게 드셨어요?
③ 빨리 정리하고 나가죠.
④ 지금은 배가 안 고픈데요.

5.
① 농구 경기 보러 꼭 오면 좋겠어요.
② 잘할 수 있을 테니까 걱정하지 마세요.
③ 바빠서 연습 경기에 많이 못 갔거든요.
④ 체육 대회가 끝나고 나니까 피곤하네요.

6.
① 네, 일할 곳을 찾고 있어요.
② 네. 제가 대신 해 드릴게요.
③ 네. 좀 알아봐 주면 좋겠어요.
④ 네. 그 친구는 아르바이트해요.

7. ① 그래요? 그럼 창문을 닫아야겠네요.
② 정말요? 그럼 에어컨 좀 켜 주세요.
③ 맞아요. 많이 덥지 않아서 다행이에요.
④ 글쎄요. 아마 사무실은 열려 있을 거예요.

8. ① 참석자 명단은 아까 드렸는데요.
② 회의에 참석해 주셔서 감사해요.
③ 이쪽 자리로 와서 앉으시면 돼요.
④ 그럼 확실히 정해지면 알려 주세요.

[9 ~ 12] **다음 대화를 잘 듣고 여자가 이어서 할 행동으로 알맞은 것을 고르십시오.** (각 2점)

9. ① 사무실에 전화한다. ② 컴퓨터를 확인한다.
③ 장학금을 신청한다. ④ 학교 홈페이지를 본다.

10. ① 집에 간다. ② 자료를 만든다.
③ 상품을 정리한다. ④ 두통약을 사러 간다.

11. ① 자전거를 꺼낸다. ② 옷을 갈아입는다.
③ 공원에서 운동한다. ④ 동생과 같이 나간다.

12. ① 카드로 계산한다. ② 안내 센터에 간다.
③ 배달 신청을 한다. ④ 집에서 물건을 받는다.

[13～16] **다음을 듣고 내용과 일치하는 것을 고르십시오.** (각 2점)

13. ① 여자는 현재 구청에서 일하고 있다.
② 남자는 프로그램에 대해 알아볼 것이다.
③ 여자는 이 프로그램에 참여한 적이 있다.
④ 남자는 이 프로그램에 대해 들은 적이 없다.

14. ① 이 열차는 현재 멈춰 있다.
② 이 열차는 서울역에서 출발했다.
③ 이 열차는 잠시 후에 대전역에 도착한다.
④ 부산으로 가는 KTX 열차가 고장이 났다.

15. ① 오늘부터 한 달 동안 표를 반값에 판매한다.
② 작년에도 가족을 위한 할인 티켓을 판매했다.
③ 올해는 작년보다 일찍 야외 수영장을 이용할 수 있다.
④ 티켓을 한 장 사면 티켓 한 장을 더 주는 행사를 한다.

16. ① 정오의 콘서트는 올해 처음 시작되었다.
② 극장을 찾는 사람들의 수가 줄어서 걱정이다.
③ 금요일에 카페에서 커피를 마시면 콘서트 티켓을 준다.
④ 한 달에 한 번 지휘자가 음악에 대해 설명하는 시간이 있다.

[17 ~ 20] **다음을 듣고 <u>남자</u>의 중심 생각을 고르십시오.** (각 2점)

17. ① 여행 갈 때는 새 옷을 사야 한다.
② 쇼핑할 때 가격을 따져 봐야 한다.
③ 옷은 직접 입어보고 사는 게 좋다.
④ 쇼핑으로 시간을 낭비하면 안 된다.

18. ① 어릴 때는 여러 번 실수해도 괜찮다.
② 아이들이 잘못을 해도 예뻐해야 한다.
③ 아이들에게 심하게 말을 하면 안 된다.
④ 아이들에게 자기 잘못을 알게 해야 한다.

19. ① 연휴에는 여행을 가는 것이 좋다.
② 기차를 타면 이동 시간을 줄일 수 있다.
③ 차가 많은 연휴에는 조심해서 운전해야 한다.
④ 차로 가면 짐을 많이 실을 수 있어서 편하다.

20. ① 끊임없이 노력하는 자세가 중요하다.
② 최고가 되기 위해서는 자신을 믿어야 한다.
③ 성공을 위해서는 창의적인 생각이 필요하다.
④ 식당에 오는 손님들을 첫 번째로 생각해야 한다.

[21 ~ 22] **다음을 듣고 물음에 답하십시오.** (각 2점)

21. **남자의 중심 생각으로 맞는 것을 고르십시오.**
① 피자 가게의 성공은 맛에 달려 있다.
② 치킨 가게가 잘되려면 위치가 중요하다.
③ 퇴직 후에도 할 수 있는 일을 찾아야 한다.
④ 여러 사람의 의견을 들어야 성공할 수 있다.

22. **들은 내용으로 맞는 것을 고르십시오.**
① 남자는 회사를 퇴직했다.
② 남자는 시장에서 가게를 운영한다.
③ 여자는 치킨 가게를 하고 싶어 한다.
④ 여자의 친구는 시장에서 치킨 가게를 한다.

[23 ~ 24] **다음을 듣고 물음에 답하십시오.** (각 2점)

23. **남자가 무엇을 하고 있는지 맞는 것을 고르십시오.**
① 등산로의 위치를 확인하고 있다.
② 호텔까지 가는 길에 대해 묻고 있다.
③ 여행하려는 곳에 숙박 예약을 하고 있다.
④ 호텔에서 진행하는 프로그램에 대해 문의하고 있다.

24. **들은 내용으로 맞는 것을 고르십시오.**
① '숲속놀이터'는 단체만 이용이 가능하다.
② 남자는 가족과 3일간 호텔에서 묵을 예정이다.
③ 호텔에서는 가족을 위한 체험 활동을 계획 중이다.
④ 자연 체험 교육을 최대 20명까지 수강이 가능하다.

[25 ~ 26] **다음을 듣고 물음에 답하십시오.** (각 2점)

25. **남자의 중심 생각으로 맞는 것을 고르십시오.**
① 장애인을 위한 시설을 늘려야 한다.
② 장애인들에게 세금을 깎아 줘야 한다.
③ 정부는 운동선수의 재활을 도와야 한다.
④ 장애인의 자립을 위한 일자리가 필요하다.

26. **들은 내용으로 맞는 것을 고르십시오.**
① 남자는 장애를 극복하고 국가대표가 되었다.
② 남자는 사고를 당해 축구를 할 수 없게 되었다.
③ 남자는 사업가가 되기 위해 운동을 그만두었다.
④ 남자는 정부 지원을 받기 위해 회사를 설립했다.

[27 ~ 28] **다음을 듣고 물음에 답하십시오.** (각 2점)

27. **여자가 남자에게 말하는 의도를 고르십시오.**
① 기부에 동참한 것에 감사하려고
② 가족의 소중함을 일깨워 주려고
③ 신발 구매의 의미를 알려 주려고
④ 자부심을 높이는 방법에 대해 조언하려고

28. **들은 내용으로 맞는 것을 고르십시오.**
① 이 신발 한 켤레를 사면 한 켤레를 더 준다.
② 이 신발을 가난한 아이들에게 싸게 판매한다.
③ 여자는 남자에게 이 신발을 선물한 적이 있다.
④ 여자는 신문을 통해서 이 신발에 대해 알게 되었다.

[29 ~ 30] **다음을 듣고 물음에 답하십시오.** (각 2점)

29. **남자는 누구인지 맞는 것을 고르십시오.**

① 라면을 개발하는 사람
② 라면을 광고하는 사람
③ 라면을 판매하는 사람
④ 라면을 홍보하는 사람

30. **들은 내용으로 맞는 것을 고르십시오.**

① 남자는 평소에도 라면을 즐겨 먹었다.
② 남자는 유명한 식당에서 요리를 배웠다.
③ 국물 맛의 비결을 알아내기가 쉽지 않았다.
④ '왕라면'은 이번 달에 처음으로 판매 1위를 했다.

[31 ~ 32] **다음을 듣고 물음에 답하십시오.** (각 2점)

31. **남자의 생각으로 맞은 것을 고르십시오.**

① '좌석별 가격 차등제'로 영화 관람의 불편이 줄어들었다.
② '좌석별 가격 차등제'로 관객들은 선택의 기회가 늘었다.
③ '좌석별 가격 차등제'는 관객 입장에서 합리적인 제도이다.
④ '좌석별 가격 차등제'는 극장의 수익을 높이기 위한 제도이다.

32. **남자의 태도로 맞은 것을 고르십시오.**

① 새로운 제도의 확대를 염려하고 있다.
② 새로운 제도의 시행을 촉구하고 있다.
③ 새로운 제도의 문제점을 비판하고 있다.
④ 새로운 제도의 필요성에 공감하고 있다.

[33 ~ 34] **다음을 듣고 물음에 답하십시오.** (각 2점)

33. **무엇에 대한 내용인지 맞는 것을 고르십시오.**
① 기록의 보존 방법
② 기록연구사의 역할
③ 역사적 기록물의 가치
④ 기록을 해야 하는 이유

34. **들은 내용으로 맞는 것을 고르십시오.**
① 기록연구사는 기록의 보존 여부를 결정한다.
② 모든 기록물은 중요하므로 없애서는 안 된다.
③ 기록물은 수백 년이 지나도 그대로 보존된다.
④ 사라진 자료를 찾아내는 것도 기록연구사의 일이다.

[35 ~ 36] **다음을 듣고 물음에 답하십시오.** (각 2점)

35. **남자는 무엇을 하고 있는지 고르십시오.**
① 시에서 만든 편의 시설을 소개하고 있다.
② 시민이 원하는 것이 무엇인지 조사하고 있다.
③ 시민을 위한 정책을 펼칠 것을 다짐하고 있다.
④ 시의 발전을 위해 자신을 지지해 달라고 부탁하고 있다.

36. **들은 내용으로 맞는 것을 고르십시오.**
① 이 도시는 전국에서 가장 큰 의료원을 짓고 있다.
② 이 도시는 이번에 살기 좋은 도시로 선정되었다.
③ 이 남자는 추진 중이던 정책을 모두 마무리 지었다.
④ 이 남자는 여러 번의 도전 끝에 시장으로 선출되었다.

[37 ~ 38] **다음은 교양 프로그램입니다. 잘 듣고 물음에 답하십시오.** (각 2점)

37. **남자의 중심 생각을 고르십시오.**

① 기업은 신입 사원의 능력 개발을 장려해야 한다.
② 입사하고 싶은 기업의 선발 기준을 파악하고 있어야 한다.
③ 이력서에 있는 개인 정보가 공정한 선발을 방해할 수 있다.
④ 능력 있는 인재가 되기 위해서는 노력하는 자세가 필요하다.

38. **들은 내용과 일치하는 것을 고르십시오.**

① 이 남자는 '익명이력서'에 대해 부정적이다.
② 이 남자는 이력서에 사진이 있어야 한다고 본다.
③ 기업들이 사진 없는 이력서 도입을 계속 미루고 있다.
④ '익명이력서'로는 지원자의 성별과 나이를 알 수 없다.

[39 ~ 40] **다음은 대담입니다. 잘 듣고 물음에 답하십시오.** (각 2점)

39. **이 담화 앞의 내용으로 알맞은 것을 고르십시오.**

① 다양한 공공장소에 태양광 시설을 설치하고 있다.
② 많은 기업들이 태양광 시설에 적극적으로 투자하고 있다.
③ 태양광 발전소의 생산성이 생각보다 낮아 문제가 되고 있다.
④ 태양광 발전소 사업자와 주민 사이에 마찰이 빚어지고 있다.

40. **들은 내용과 일치하는 것을 고르십시오.**

① 태양광 발전소를 세우는 개인 사업자가 많아지고 있다.
② 태양광 발전소가 생긴 후 농작물의 생산성이 향상되었다.
③ 태양광 발전소의 설치를 원하는 지역 주민들이 늘고 있다.
④ 태양광 발전소로 인한 갈등을 해결해 줄 방안이 마련되었다.

[41 ~ 42] **다음은 강연입니다. 잘 듣고 물음에 답하십시오.** (각 2점)

41. **여자의 중심 생각으로 맞는 것을 고르십시오.**

① 석빙고에 대한 역사적 기록을 찾아야 한다.
② 석빙고는 과학적인 원리를 활용해 설계되었다.
③ 석빙고의 우수성을 밝히려는 노력이 필요하다.
④ 석빙고에 얼음을 보관하던 문화를 지켜야 한다.

42. **들은 내용과 일치하는 것을 고르십시오.**

① 석빙고의 경사진 바닥은 온도 유지에 도움이 된다.
② 지붕에 구멍을 만들어 석빙고를 아름답게 장식했다.
③ 더운 공기를 빼기 위해 석빙고에 차가운 물을 공급했다.
④ 석빙고에는 얼음을 녹지 않게 해 주는 장치가 달려 있다.

[43 ~ 44] **다음은 다큐멘터리입니다. 잘 듣고 물음에 답하십시오.** (각 2점)

43. **이 이야기의 중심 내용으로 맞는 것을 고르십시오.**

① 판의 충돌이 인류의 역사를 발전시켰다.
② 판의 움직임이 자원의 이동을 초래했다.
③ 인류는 판의 경계에 고대 문명을 건설했다.
④ 인류는 판의 충돌로 인한 위험을 극복해 왔다.

44. **많은 주요 도시가 판의 경계에 있는 이유로 맞는 것을 고르십시오.**

① 다른 도시 문명과 가까웠기 때문에
② 자연 재해를 피할 수 있었기 때문에
③ 지각이 바뀌면서 경계로 밀려났기 때문에
④ 문명 발달에 필요한 자원을 얻기 쉬웠기 때문에

[45 ~ 46] **다음은 강연입니다. 잘 듣고 물음에 답하십시오.** (각 2점)

45. **들은 내용과 일치하는 것을 고르십시오.**
① 4차 산업혁명은 인공지능을 기반으로 한다.
② 4차 산업혁명은 유통 시스템의 자동화를 말한다.
③ 4차 산업혁명 시대는 전문가들의 예상대로 진행될 것이다.
④ 4차 산업혁명에서 전문 지식 서비스는 인간이 담당할 것이다.

46. **여자의 태도로 가장 알맞은 것을 고르십시오.**
① 미래 세대의 활약에 기대를 걸고 있다.
② 산업혁명의 부작용에 대해 반성하고 있다.
③ 전문가들의 상황 인식에 우려를 표하고 있다.
④ 산업의 미래에 대해 긍정적으로 전망하고 있다.

[47 ~ 48] **다음은 대담입니다. 잘 듣고 물음에 답하십시오.** (각 2점)

47. **들은 내용과 일치하는 것을 고르십시오.**
① 전승자들은 대학에서 재교육을 받을 예정이다.
② 기존의 정책은 전승 종목을 사유화할 우려가 있다.
③ 전승자들의 작품을 인증하는 제도가 사라질 것이다.
④ 젊은 사람들은 전승자와의 일대일 교육을 선호한다.

48. **남자가 말하는 방식으로 가장 알맞은 것을 고르십시오.**
① 새로운 정책의 문제점을 예측하고 있다.
② 기존 정책의 개선 방향을 제시하고 있다.
③ 새로운 정책의 시행 결과를 분석하고 있다.
④ 기존 정책의 내용을 기준별로 분류하고 있다.

[49 ~ 50] **다음은 강연입니다. 잘 듣고 물음에 답하십시오.** (각 2점)

49. **들은 내용과 일치하는 것을 고르십시오.**

① 개인들의 관계는 힘의 논리에 의해 결정된다.
② 도덕적 사회를 이루려면 개인의 도덕이 중요하다.
③ 집단에 속한 개인은 비도덕적으로 변할 수 있다.
④ 집단 간의 충돌을 조정할 도덕적 기준이 필요하다.

50. **여자가 말하는 방식으로 가장 알맞은 것을 고르십시오.**

① 발생 가능한 문제를 제기하고 있다.
② 사회 현상을 논리적으로 분석하고 있다.
③ 예를 들어 자신의 주장을 증명하고 있다.
④ 구체적인 사례에서 결론을 유도하고 있다.

– 1교시 / 듣기시험이 끝났습니다. 다음은 쓰기 시험입니다. –

[51 ~ 52] 다음을 읽고 ㉠과 ㉡에 들어갈 말을 각각 한 문장으로 쓰십시오. (각 10점)

51.

E-mail

제목 : 선배님, 빅토르입니다. 2016. 7. 12.

선배님, 안녕하십니까? 빅토르입니다.
부탁드릴 일이 있어 메일을 씁니다.
제가 인터넷으로 (㉠).
그런데 카메라가 이번 주 금요일에 배달된다고 합니다.
제가 그날 고향에 가야 해서 카메라를 직접 받을 수 없을 것 같습니다.
혹시 저 대신에 (㉡)?
어려운 부탁을 드려서 죄송합니다.
그럼 답장 기다리겠습니다.

빅토르 드림

52.

사람의 손에는 눈에 보이지 않는 세균이 많다. 그래서 병을 예방하기 위해서는 자주 (㉠). 그런데 전문가들은 손을 씻을 때 꼭 (㉡). 비누 없이 물로만 씻으면 손에 있는 세균을 제대로 없애기 어렵기 때문이다.

53. **다음을 참고하여 '국내 외국인 유학생 현황'에 대한 글을 200~300자로 쓰십시오. 단, 글의 제목을 쓰지 마십시오.** (30점)

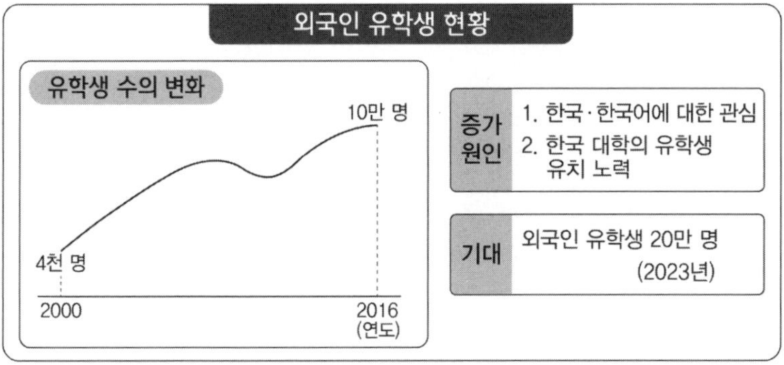

54. **다음을 주제로 하여 자신의 생각을 600~700자로 글을 쓰십시오. 단, 문제를 그대로 옮겨 쓰지 마십시오.** (50점)

'칭찬은 고래도 춤추게 한다'는 말처럼 칭찬에는 강한 힘이 있습니다. 그러나 칭찬이 항상 긍정적인 영향을 주는 것은 아닙니다. 아래의 내용을 중심으로 칭찬에 대한 자신의 생각을 쓰십시오.

- 칭찬이 미치는 긍정적인 영향은 무엇입니까?
- 부정적인 영향은 무엇입니까?
- 효과적인 칭찬의 방법은 무엇입니까?

* 원고지 쓰기의 예

	사	람	의		손	에	는		눈	에		보	이	지		않	는		세
균	이		많	다	.	그	래	서		병	을		예	방	하	기		위	해

제1교시 듣기, 쓰기 시험이 끝났습니다. 제2교시는 읽기 시험입니다.

TOPIK

Test of Proficiency In Korean

第47回 TOPIK II

読解問題
50問　70分

유 의 사 항
Information

2. 시험 시작 지시가 있을 때까지 문제를 풀지 마십시오.
   Do not open the booklet until you are allowed to start.

2. 수험번호와 이름을 정확하게 적어 주십시오.
   Write your name and registration number on the answer sheet

3. 답안지를 구기거나 훼손하지 마십시오
   Do not fold the answer sheet: keep it clean.

4. 답안지의 이름, 수험번호 및 정답의 기입은 배부된 펜을 사용하여 주십시오.
   Use the given pen only.

5. 정답은 답안지에 정확하게 표시하여 주십시오.
   Mark your answer accurately and clearly on the answer sheet

   marking example ① ● ③ ④

6. 문제를 읽을 때에는 소리가 나지 않도록 하십시오.
   Keep quiet while answering the questions.

7. 질문이 있을 때에는 손을 들고 감독관이 올 때까지 기다려 주십시오.
   When you have any questions, please raise your hand

읽기 Reading TOPIK Ⅱ 제 47회 2교시

1~50번 문항

[1 ~ 2] (　　　)에 들어갈 가장 알맞은 것을 고르십시오. (각 2점)

1. **내일 친구와 함께 놀이공원에 (　　　).**

① 가는 편이다　　② 가는 중이다
③ 가기로 했다　　④ 간 적이 있다

2. **혼자 살다 보니 시간이 (　　　) 가족이 그리워진다.**

① 지나거나　　② 지나도록
③ 지나거든　　④ 지날수록

[3 ~ 4] 다음 밑줄 친 부분과 의미가 비슷한 것을 고르십시오. (각 2점)

3. **아침에 늦게 일어나는 바람에 기차를 놓쳤다.**

① 일어난 탓에　　② 일어난 김에
③ 일어나는 대신　　④ 일어나는 대로

4. **경기에서 이기고 지는 것은 연습하기에 달려 있다.**

① 연습할 따름이다　　② 연습할 모양이다
③ 연습하기 나름이다　　④ 연습하기 십상이다

[5～8] **다음은 무엇에 대한 글인지 고르십시오.** (각 2점)

5.

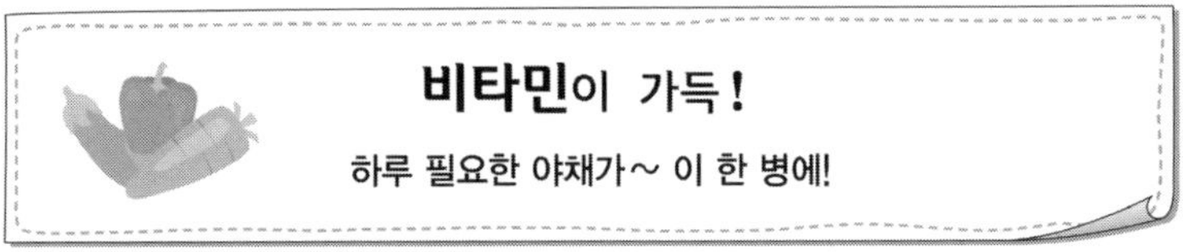

① 주스　　② 콜라　　③ 우유　　④ 커피

6.

① 학원　　② 마트　　③ 사진관　　④ 세탁소

7.

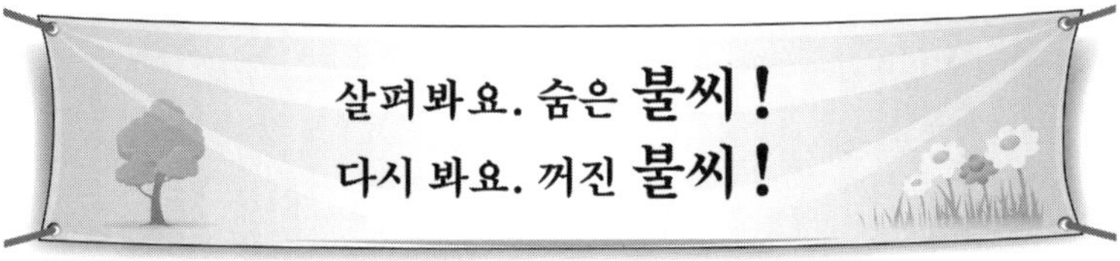

① 전기 절약　　② 날씨 정보　　③ 건강 관리　　④ 화재 예방

8.

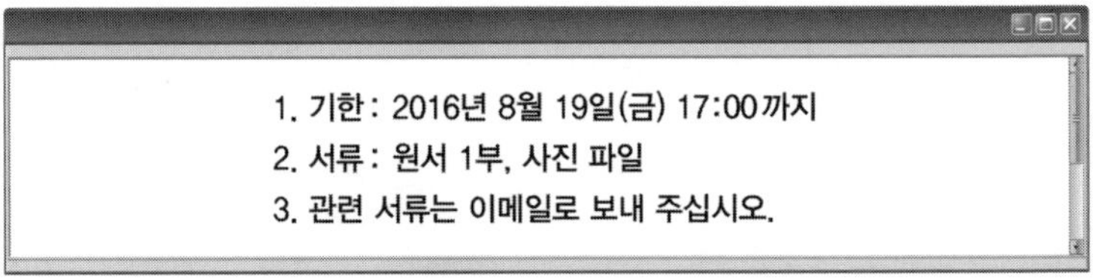

① 구입 안내　　② 접수 방법　　③ 등록 문의　　④ 주의 사항

[9～12] **다음 글 또는 도표의 내용과 같은 것을 고르십시오.** (각 2점)

9.

제8회 음식문화축제

- **기　　간 : 2016년 8월 20일(土) ～ 8월 21일(일)**
- **장　　소 : 인주 시청 앞 광장**
- **행사 내용 : 한국 전통 요리 무료 시식 및 체험 행사**

※ 체험을 원하시는 분은 현장에서 직접 신청하시기 바랍니다.

① 축제는 올해 처음 열린다.
② 축제는 주말 이틀 동안 진행된다.
③ 축제에서 체험을 하려면 예약해야 한다.
④ 축제에서 전통 요리를 사 먹을 수 있다.

10.

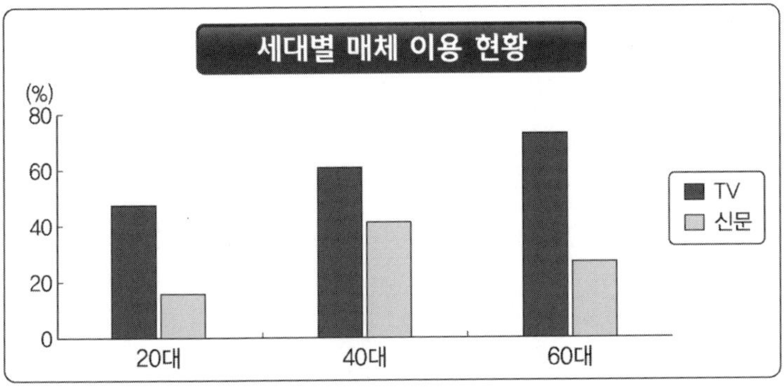

① 신문을 보는 사람의 비율은 20대와 60대가 같다.
② 모든 세대가 텔레비전보다 신문을 더 많이 본다.
③ 신문을 보는 사람의 비율은 60대가 40대보다 낮다.
④ 텔레비전을 보는 사람의 비율은 20대가 40대보다 높다.

11.

> 만화방이 단순히 만화를 보는 공간에서 벗어나 볼거리, 먹을거리를 함께 즐길 수 있는 '만화카페'로 다시 태어나고 있다. 이 만화카페는 '만화를 보는 공간'이라는 점에서 만화방과 비슷하다. 그러나 밝은 조명과 세련된 분위기에서 고급 커피까지 마실 수 있다는 점이 다르다. 만화방이 주로 남자들에게 인기가 많았다면 만화카페는 10, 20대 여성들에게 인기가 많다.

① 만화카페는 만화방과 실내 분위기가 비슷하다.
② 만화카페는 주로 남성들에게 인기를 끌고 있다.
③ 만화카페는 커피를 마시기 위한 곳으로 새롭게 태어났다.
④ 만화카페는 볼거리와 먹을거리를 모두 즐길 수 있는 곳이다.

12.

> 카카오가 건강에 도움이 된다는 사실이 새롭게 알려졌다. 카카오에 있는 단백질, 지방, 칼슘과 같은 영양 성분이 감기 예방, 집중력 향상 등에 효과가 있다는 것이다. 그러나 카카오는 그 자체로 먹기가 어려워 일반적으로 초콜릿 형태로 먹는다. 그런데 너무 단 초콜릿은 오히려 건강을 해칠 수 있어 많이 먹는 것은 피해야 한다.

① 카카오를 먹으면 집중력을 높일 수 있다.
② 초콜릿은 영양 성분이 풍부해서 많이 먹어야 한다.
③ 카카오보다 초콜릿 형태로 먹는 것이 건강에 더 좋다.
④ 초콜릿의 재료가 카카오라는 사실이 처음으로 알려졌다.

[13～15] **다음을 순서대로 맞게 배열한 것을 고르십시오.** (각 2점)

13.

(가) 요즘 꽃차를 즐겨 마시는 사람들이 늘고 있다.
(나) 마음을 안정시키는 효과를 얻을 수 있기 때문이다.
(다) 깨끗하게 재배한 꽃으로 차를 만들어 마시는 것이 좋다.
(라) 그런데 길가에 피어 있는 꽃으로 차를 만드는 것은 피해야 한다.

① (가)－(나)－(라)－(다)　② (가)－(라)－(나)－(다)
③ (다)－(라)－(가)－(나)　④ (다)－(가)－(라)－(나)

14.

(가) 이불을 세탁해서 밖에 널어 두고 장을 보러 나갔다.
(나) 비가 오는 것을 보고 이웃이 대신 이불을 걷어 준 것이었다.
(다) 갑자기 비가 내려서 이불이 걱정되어 집으로 서둘러 돌아왔다.
(라) 도착해 보니 이불을 보관하고 있다는 메모가 문 앞에 붙어 있었다.

① (가)－(다)－(나)－(라)　② (가)－(다)－(라)－(나)
③ (다)－(나)－(가)－(라)　④ (다)－(라)－(가)－(나)

15.

(가) 회의 결과 쓰레기 주소 실명제를 실시하기로 의견을 모았다.
(나) 시청 직원들이 쓰레기를 줄이는 방안에 대해 회의를 열었다.
(다) 그러나 주민들은 개인 정보 유출 가능성 때문에 반대하고 있다.
(라) 주소를 써서 버리면 책임 의식이 생길 것이라고 보았기 때문이다.

① (가)－(나)－(다)－(라)　② (가)－(다)－(나)－(라)
③ (나)－(가)－(라)－(다)　④ (나)－(라)－(가)－(다)

[16 ~ 18] **다음을 읽고 (　　　　　)에 들어갈 내용으로 가장 알맞은 것을 고르십시오.** (각 2점)

16.

악보 없이 공연하는 것은 피아니스트들의 오랜 전통이다. 이에 대해 일부 사람들은 악보를 외우는 것보다는 (　　　) 시간을 써야 한다고 말한다. 그러나 악보를 외우면 작곡가를 좀 더 이해하게 되어 결국 작품에 대한 표현력이 풍성해질 수 있다.

① 전통을 이해하는 데에
② 표현력을 높이는 데에
③ 공연을 기획하는 데에
④ 장단점을 설명하는 데에

17.

자신에게 필요하지 않은 물건을 봉사단체에 기증하는 시민들이 늘고 있다. 그런데 이러한 물건 중에 (　　　) 많다. 그래서 쓸 만한 물건을 골라내는 데 많은 인력과 비용이 소모된다. 물건을 기증할 때에는 다른 사람들이 다시 사용할 것이라는 점을 고려해야 할 것이다.

① 구입하기 어려운 것이
② 보관이 쉽지 않은 것이
③ 재사용하기 곤란한 것이
④ 용도가 다양하지 않은 것이

18.

한 가전 업체에서 옷을 태우지 않는 다리미를 내놓았다. 작동 원리는 다림질하다 손을 떼면 다리미 밑판 앞뒤에서 다리가 튀어나와 옷과 다리미 사이에 간격이 생기는 방식이다. 다리미를 다시 잡으면 다리가 들어간다. 별것 아닌 듯한 이 다리미에 시장의 반응은 뜨거웠다. 많은 사람들이 고민하던 (　　　) 때문이다.

① 가격을 저렴한 수준으로 낮추었기
② 모양을 적절한 방법으로 바꾸었기
③ 내용을 합리적인 방식으로 설명했기
④ 문제를 새로운 아이디어로 해결했기

[19 ~ 20] **다음 글을 읽고 물음에 답하십시오.** (각 2점)

요즘 아빠들은 아이들에게 친구 같은 존재가 되고 싶어 한다. (　　) 아이가 어릴 때는 친구 같은 아빠가 필요하다. 서로 사랑하는 마음을 표현하는 과정을 통해 부모와 자식 간의 신뢰가 깊어질 수 있기 때문이다. 그런데 아이의 인성이 완성되는 청소년기에는 '권위 있는 아빠'의 역할도 중요하다. 아빠의 권위 있는 말과 행동은 아이의 삶에 판단 기준이 되어 아이가 바른 길로 가는 데 도움을 줄 수 있기 때문이다.

19. (　　　)**에 들어갈 알맞은 것을 고르십시오.**

① 반면　② 물론　③ 차라리　④ 그러면

20. **이 글의 내용과 같은 것을 고르십시오.**

① 아이들은 자기 스스로 인성을 완성할 수 있다.
② 청소년기에는 친구 같은 아빠의 역할이 더 중요하다.
③ 친구 같은 아빠는 아이가 바른 길로 가도록 도움을 준다.
④ 권위 있는 아빠는 아이에게 삶의 판단 기준을 제시할 수 있다.

[21 ~ 22] **다음 글을 읽고 물음에 답하십시오.** (각 2점)

최근 동물 대신 식물을 키우려는 사람들이 늘고 있다. 동물은 돌보려면 많은 시간과 비용이 드는 데 비해 식물은 키우기도 쉽고 실내 공기도 깨끗하게 해주기 때문이다. 또한 식물은 이웃과 (　　) 지내는 많은 현대인들에게 외로움을 달래 주거나 정서적으로 위안을 주기도 한다. 이처럼 식물을 삶의 동반자로 생각하는 사람들이 늘면서 '반려식물'이라는 신조어까지 생겼다.

21. (　　　　)**에 들어갈 알맞은 것을 고르십시오.**

① 담을 쌓고
② 못을 박고
③ 머리를 맞대고
④ 고개를 숙이고

22. **위 글의 중심 생각을 고르십시오.**

① 동물을 돌보는 데에 시간과 비용이 많이 든다.
② 삶의 반려자로 식물을 찾는 사람들이 늘고 있다.
③ 식물을 키우면 실내 공기를 깨끗하게 할 수 있다.
④ 정서적 안정을 위해 반려동물을 키우는 것이 좋다.

[23 ~ 24] **다음 글을 읽고 물음에 답하십시오.** (각 2점)

계산원으로 일하러 오라는 소식을 듣고 고민에 빠졌다. 마흔을 넘은 늦은 나이 때문이었다. 격려해 주는 남편 덕분에 용기를 냈다. 그러나 계산하는 일은 만만치 않았다. 신입 직원 교육을 받는데 주의 사항을 수첩에 적어 가며 외워도 금방 잊어버리기 일쑤였다. 며칠 뒤 일을 시작한다는 말에 눈앞이 캄캄했다. 일을 시작한 첫날, 아침부터 밀려드는 손님들로 인해 <u>등에서 땀이 흘렀다.</u> 모든 게 미숙했다. 계산을 잘못해서 창피한 적도 많았다. 그래도 사람을 대하다 보니 웃을 일도 있었다. 외국인 손님이 왔을 때였다. 서투른 영어를 총동원해서 말을 건네려고 하자, 그가 "봉투 하나 주세요."라며 한국말을 하는 게 아닌가. 순간 놀라면서도 속으로 웃음이 났다.

23. **밑줄 친 부분에 나타난 '나'의 심정으로 알맞은 것을 고르십시오.**

① 짜증스럽다
② 실망스럽다
③ 불만스럽다
④ 당황스럽다

24. **위 글의 내용과 같은 것을 고르십시오.**

① 나는 남편의 격려 덕분에 계산 실력이 늘었다.
② 나는 외국인 손님이 왔을 때 영어로 대화했다.
③ 나는 늦은 나이였지만 용기를 내어 일을 시작했다.
④ 나는 신입 직원 교육을 받을 때 수첩을 잃어버렸다.

[25 ~ 27] **다음 신문 기사의 제목을 가장 잘 설명한 것을 고르십시오.** (각 2점)

25.

한류 배우 인기 폭발, 해외 광고 요청 줄 이어

① 한류 배우는 떨어진 인기로 해외 광고에 출연할 기회가 줄어들었다.
② 한류 배우가 인기를 끌기 위해서는 해외 광고에 많이 출연해야 한다.
③ 한류 배우는 인기에 상관없이 해외에서 광고 출연 요청을 받고 있다.
④ 한류 배우가 큰 인기를 얻으면서 해외 광고 출연 요청이 잇따르고 있다.

26.

황금연휴, 여행 업계 오랜만에 웃어

① 긴 연휴로 여행 업계가 오랜만에 활기를 찾았다.
② 짧은 연휴에도 여행을 하려는 사람이 여전히 많다.
③ 연휴가 길지 않아 여행을 예약하는 사람이 많지 않다.
④ 연휴 기간 동안 업계는 만족할 만한 여행 상품을 준비했다.

27.

배추 생산 과잉, 농민들 한숨

① 배추의 생산량이 부족하여 농민들이 실망했다.
② 배추 농사가 잘 되어 농민들이 희망에 차 있다.
③ 배추가 적게 생산되어 농민들의 기대감이 낮아졌다.
④ 배추가 필요 이상으로 생산되어 농민들이 힘들어한다.

[28 ~ 31] **다음을 읽고 (　　　)에 들어갈 내용으로 가장 알맞은 것을 고르십시오.** (각 2점)

28.

> 아이에게 맞는 색이 있다. 그래서 색을 (　　　　　) 활용하는 것이 좋다. 예를 들어 소극적인 아이에게는 밝고 따뜻한 색으로 방을 꾸며주는 것이 좋다. 빨간 꽃그림이 있는 책장으로 아이 방을 장식하면 경쾌한 느낌을 주어 아이의 감정을 밝게 해 줄 수 있기 때문이다. 반대로 아이의 성격이 공격적이라면 초록색이 잘 맞는다. 초록색은 편안한 분위기를 연출하여 마음을 차분하게 가라앉혀 줄 수 있다.

① 방의 구조에 맞게
② 장식에 따라 다르게
③ 아이의 성향에 맞게
④ 그림의 특성이 나타나게

29.

> 각 분야의 (　　　　　) '사람도서관'이 등장해 화제다. 사람도서관은 표현 그대로 사람을 책처럼 대출할 수 있는 도서관이다. 도서관이 전문적인 지식과 경험을 가진 사람을 '사람책'으로 등록하면 독자는 관심 있는 분야의 사람책을 대출하면 된다. 예를 들어 글을 쓰는 데에 관심이 있는 사람이라면 사람도서관에서 글쓰기 관련 사람책을 대출하여 강의를 들으면 된다. 다만 사람책을 이용하려면 정해진 인원 이상이 모여야 한다.

① 전문가를 활용하는
② 전문가를 양성하는
③ 기술자를 교육하는
④ 기술자를 파견하는

30.

보통 소비자들은 '햄버거 1개가 550칼로리를 함유하고 있다'는 것의 의미를 정확하게 이해하지 못한다. 그래서 식품에 표시된 열량에 민감해하지 않는다. 그러나 햄버거 겉면에 '햄버거 1개를 먹을 경우 9km 정도 달려야 한다'고 쓰여 있다면 그것을 본 소비자는 햄버거의 열량이 어느 정도인지 체감하게 될 것이다. 이처럼 식품의 겉면에 열량을 소모하기 위해 (　　　　　) 하는지 표시하면 소비자들의 음식에 대한 생각을 변화시킬 수 있을 것이다.

① 무슨 음식을 선택해야
② 얼마나 몸을 움직여야
③ 어떤 행동에 신중해야
④ 언제 열량에 신경 써야

31.

기한이 정해져 있는 티켓의 경우 기간이 지나면 사용하지 못하게 된다. 그런데 기한이 얼마 남지 않은 티켓이라도 모바일 시장을 이용하면 판매할 수 있다. 이 시장에서는 판매자와 소비자가 실시간으로 필요한 정보를 교환한다. 이 시장을 통해 판매자는 기간이 지나면 (　　　　　) 상품을 판매할 수 있고, 소비자는 필요한 시점에 싼 가격으로 상품을 구매할 수 있는 것이다.

① 가치가 사라지는
② 가격이 올라가는
③ 수요가 많아지는
④ 생산이 줄어드는

[32 ~ 34] **다음을 읽고 내용이 같은 것을 고르십시오.** (각 2점)

32.

동물원의 동물들은 빠른 번식으로 인해 개체 수 조절이 어렵다. 그러다 보면 한정된 공간에 너무 많은 동물들이 함께 있게 되어 스트레스를 많이 받게 된다. 그래서 서울의 한 동물원에서는 사자의 개체 수를 줄이기 위해 많은 수의 사자를 다른 동물원에 보내고 대신 개체 수가 적은 낙타를 들여오는 방법을 썼다. 그 결과 개체 수가 줄어든 사자들은 스트레스를 덜 받게 되었다. 이러한 동물원 간 교류가 동물의 서식 환경 개선을 위한 하나의 방안이 될 수 있을 것이다.

① 동물원의 동물들은 번식으로 개체 수를 조절한다.
② 동물원 간의 교류를 통해 동물의 개체 수를 늘린다.
③ 서식 환경 개선을 위해 많은 새로운 동물을 들여와야 한다.
④ 좁은 공간에 개체 수가 많으면 동물의 스트레스가 증가한다.

33.

최근 시간과 비용을 들여 멀리 여행을 떠나는 대신 집에서의 휴식을 중요하게 생각하는 사람들이 늘고 있다. 이러한 사람들은 휴식의 편의를 위해 거실이나 욕실을 새롭게 고쳐 쓰는 등 집을 휴식의 공간으로 꾸미는 데 관심이 많다. 그리고 편안한 휴식을 즐기기 위해 고가의 안락의자나 침대를 구입하는 데도 지출을 아끼지 않는다. 이렇게 사람들의 집에 대한 인식이 단순히 쉬는 공간에서 질 높은 휴식을 위한 공간으로 바뀌고 있다.

① 사람들은 휴식의 질보다는 휴식의 편의를 추구한다.
② 휴식을 위해 여행을 떠나는 사람들이 증가하고 있다.
③ 사람들은 가구를 구입하는 데에 큰 비용을 들이지 않는다.
④ 휴식을 위해 집의 공간을 고쳐 쓰는 사람들이 많아지고 있다.

34.

문화와 역사적 가치가 높지만 국가에서 관리하지 못하고 있는 토지, 자연, 건물 등이 많이 있다. 이를 관리하고 보존하려는 시민운동이 새롭게 시작되고 있다. 사라질 위기에 처해 있는 중요한 자산을 지키기 위해 시민들이 자발적으로 모금에 나선 것이다. 이러한 시민의 노력으로 최근 희귀식물인 '매화마름'이 보존되는 등 가시적인 성과가 나타나고 있다. 이러한 운동이 앞으로도 지속되기 위해서는 시민들의 적극적인 동참이 필요하다.

① 시민들은 국가의 지원을 받아 모금 활동을 했다.
② 시민들이 국가 토지 관리에 적극 참여하고 있다.
③ 시민들이 역사적 가치가 높은 자산을 보존하기 시작했다.
④ 시민운동이 희귀식물 보존에까지는 미치지 못하고 있다.

[35 ~ 38] **다음 글의 주제로 가장 알맞은 것을 고르십시오.** (각 2점)

35.

유무선의 통신 수단이 없던 시대에 위급한 상황이 생기면 불이나 연기로 정보를 주고받았다. 보통 멀리서 잘 보이는 산봉우리에서 밤에는 불을, 낮에는 연기를 피우는 방법을 사용했고 이때 알리는 위급의 정도를 다섯 등급으로 나누었다. 그런데 이 방법은 비, 구름, 안개 등의 기상 상태에 영향을 받는다는 문제점이 있었다. 그러나 이러한 한계에도 불구하고 당시에는 국가적인 긴급 상황에 대처하는 데 중요한 역할을 담당했다.

① 불이나 연기는 위험 상황을 알리는 주요 통신 수단이었다.
② 불이나 연기를 쓰는 통신 수단은 날씨의 영향을 많이 받았다.
③ 긴급 상황에는 날씨에 따라 다섯 단계로 나누어 연기를 피웠다.
④ 과거의 통신 수단으로는 국가적 긴급 상황에 대처하기 어려웠다.

36.

숫자 활용 능력은 비즈니스 성패에 중요한 영향을 끼친다. 매출 실적, 재고 사항 등 숫자로 가득한 비즈니스 현장에서 숫자에 강하다는 것은 그만큼 능력을 인정받을 가능성이 높다는 것을 의미한다. 예컨대 신제품 발표회에서 숫자를 활용한 데이터를 제시하면 고객에게 신뢰감을 줄 수 있고, 이 신뢰를 바탕으로 경쟁에서 유리한 위치를 차지할 수 있는 것이다. 비즈니스에서 성공하고 싶다면 숫자 활용 감각을 키우라고 제안하는 이유가 바로 여기에 있다.

① 숫자를 활용하는 능력은 비즈니스 현장에서 배워야 한다.
② 매출 실적을 높이기 위해 숫자를 체계적으로 정리해야 한다.
③ 신제품 발표회에서는 제품의 우수성을 데이터로 제시해야 한다.
④ 성공적인 비즈니스를 위해 숫자를 잘 활용하는 연습을 해야 한다.

37.

혼자 사는 사람들이 많아지면서 외로움을 이겨내는 '고독력'이 주목을 끌고 있다. 고독력이란 홀로 있는 시간을 즐기고 창의적으로 활용하는 능력을 말한다. 이러한 능력을 기르기 위해서는 남의 시선에 얽매이지 않고 외로움과 마주 서는 연습을 해야 한다. 외로움을 받아들이지 못하면 분노와 적개심이 쌓일 수도 있고, 외로움 속에 스스로를 고립시켜 우울증에 걸리기도 한다. 따라서 무엇보다 외로움을 두려워하지 않는 태도가 우선되어야 한다.

① 남의 시선이 두려워 홀로 지내면 우울증에 걸릴 수 있다.
② 혼자 사는 것이 시간을 창의적으로 활용할 수 있는 방법이다.
③ 고독력을 기르기 위해서는 외로움을 받아들이는 연습이 필요하다.
④ 혼자 사는 사람들은 분노와 적개심이 쌓이는 것을 주의해야 한다.

38.

> 일반적으로 공짜로 끼워 주는 경품이 있을 경우 소비자들은 구매의 유혹을 더 받게 된다. 그러나 때로 무료 경품은 판매에 도움이 되기보다 오히려 역효과를 낼 수도 있다. 실제로 한 조사에서는 경품으로 준 물건에 대해 소비자들은 그 품질에 비해 낮은 가격을 책정하는 경향을 보였다. 이렇게 소비자들은 공짜로 주는 물건은 별 가치가 없다고 생각하기도 한다. 이런 인식은 제품 가격의 합리성을 의심하는 등 판매에도 부정적인 영향을 미칠 수 있다.

① 소비자들은 무료로 주는 경품의 품질을 믿지 않는다.
② 무료 경품이 제품 판매에 나쁜 영향을 줄 수도 있다.
③ 소비자들은 보통 무료 경품이 있는 제품을 선호한다.
④ 무료 경품 때문에 제품 가격이 비합리적으로 책정된다.

[39 ~ 41] 다음 글에서 <보기>의 문장이 들어가기에 가장 알맞은 곳을 고르십시오. (각 2점)

39.

> 옛날에는 책을 눈으로만 읽지 않고 몸을 움직이며 가락에 맞추어 소리 높여 읽었다. (㉠) 그런데 현대 정보화 사회에 이르러서는 독서 방식이 획기적으로 변하였다. (㉡) 다 같이 소리를 내서 읽는 방식 대신 혼자 읽는 방식을 선호하게 되었다. (㉢) 다양한 연결망을 통해 개인적으로 읽을 글을 선택·변경하고, 자유롭게 영역을 이동하는 검색형 독서 방식이 생겨난 것이다. (㉣) 이와 같이 시대에 따라 독서의 방식은 변화한다.

〈보 기〉

> 또한 글의 흐름에 따라 처음부터 끝까지 순서대로 읽던 과거의 독서 방식도 바뀌고 있다.

① ㉠　　② ㉡　　③ ㉢　　④ ㉣

40.

소설가 김병용 씨가 전국의 강 길과 산길을 여행하면서 쓴 글을 엮어 산문집 「길 위의 풍경」을 펴냈다. (㉠) 작가는 길이 자신과 세상을 이어주는 통로이며, 끊임없이 이어지는 길 위에서 자신도 변화하고 성장한다고 말한다. (㉡) 여기에서 소개하는 길을 따라 그곳 사람들의 소박하지만 단단한 일상을 들여다보고 있으면 포기하고 좌절했던 나의 모습들이 부끄러워진다. (㉢) 길이 주는 떨림을 느끼면서 그 속에서 변화·성장하고 싶다면 주저 없이 이 책을 읽기를 권한다. (㉣)

〈보 기〉

그리고 깨닫지 못하는 사이에 다시 일어나 걸을 수 있는 용기를 받는다.

① ㉠ ② ㉡ ③ ㉢ ④ ㉣

41.

어떤 역사적 사건이나 실존 인물의 실화에 작가의 상상력을 보태어 새로운 이야기로 풀어내는 글쓰기 방식이 있다. (㉠) 사실과 허구가 결합되는 이런 방식은 처음에는 주로 소설 쓰기의 한 기법으로 사용되었는데 이제는 영화, 드라마 등 대중문화계 전체로 확산되어 큰 인기를 끌고 있다. (㉡) 그런데 한편에서는 역사적 사실에 허구를 덧붙이는 것에 대해 우려를 표시하고 있다. (㉢) 상상력으로 표현된 허구를 실제 역사라고 믿을 수 있기 때문이다. (㉣)

〈보 기〉

딱딱한 역사를 허구가 더해진 이야기로 풀어내 쉽고 재미있게 대중들에게 다가갈 수 있었던 것이다.

① ㉠ ② ㉡ ③ ㉢ ④ ㉣

[42 ~ 43] **다음 글을 읽고 물음에 답하십시오.** (각 2점)

낙천이 아저씨가 돌아가셨다는 소식을 수화기 저편의 아버지에게서 듣는 순간, 내 입에선 아! 짤막한 탄식이 새어 나왔다. 아침부터 희끄무레하던 하늘에서 막 눈이 쏟아지는 참이었다. 수화기를 든 채로 잠시 눈발을 주시했다. 지난 가을 시골집에 들렀을 때 다른 때와는 달리 아버지가 "작은 아버지 한번 보고 갈테냐?"고 물었던 일이 떠올랐다. 아버지는 늘 그를 작은 아버지라 지칭했지만 우리들은 그를 낙천이 아저씨라 불렀다. 뒤늦게 깨닫게 되는 일들. 그때 그랬으면 좋았을 텐데 싶은 일들. (중략) "올 테냐?"수화기 저편의 아버지가 내 대답을 기다렸다. 귀는 수화기에 대고 있고 시선은 점점 굵어지는 창밖의 눈발을 응시하고 있지만 머릿속은 오늘 일정들을 체크해 보느라 분주하게 움직였다. 지금 열한 시. K와 점심. 한 시 부서 회의. 세 시에 전체 회의. 네 시에 설치 미술가의 기자 간담회에 참석한 뒤 여섯 시에는 인터뷰 약속이 잡혀 있었다. (중략) "눈이 많이 오네요, 아버지." 수화기 저편의 아버지 목소리에서 힘이 빠졌다. "<u>못 오겠냐아?</u>" 이번에는 내 몸에서 힘이 빠졌다. 당신과 뜻이 달라 실망을 할 때면 상대를 탓하거나 의견을 다시 주장하는 게 아니라 힘이 빠진 목소리로 그러냐며 곧 수납 태세로 들어가는 아버지에게 무력해진 지 오래되었다는 생각.

42. **밑줄 친 부분에 나타난 아버지의 심정으로 알맞은 것을 고르십시오.**

① 서운하다.
② 억울하다.
③ 조급하다.
④ 괘씸하다.

43. **이 글의 내용과 같은 것을 고르십시오.**

① 눈이 많이 오자 아버지는 내가 걱정돼서 전화를 하셨다.
② 나는 오늘 일이 많아서 시골집에 가는 것이 망설여진다.
③ 나는 지난 가을 시골집에 갔을 때 낙천 아저씨를 만났다.
④ 낙천 아저씨가 돌아가셨다는 소식에 나는 몸에 힘이 빠졌다.

[44 ~ 45] **다음을 읽고 물음에 답하십시오.** (각 2점)

추상 활동이란 어떤 대상의 특성을 뽑아내어 파악하는 활동이다. 이러한 추상 활동은 피카소의 창작 과정을 통해 쉽게 이해할 수 있다. 피카소는 '황소' 연작물을 시작했을 때 제일 먼저 황소의 모습을 주의 깊게 살펴보고 이를 바탕으로 그 외관의 특징을 아주 사실적으로 묘사했다. 그러다가 평면의 가장자리와 모서리가 황소의 특징을 잘 드러낸다는 것을 깨닫고, 간단한 외곽선 몇 개로 황소를 그렸다. 그리고 마지막에 가서는 황소의 몸을 이루는 요소들을 대부분 제거하고, 머리의 특징을 잡아내어 강조했다. 이 그림은 몸을 이루는 요소가 과도하게 사라졌음에도 실체를 토대로 했기 때문에 '황소다움'의 본질을 잘 보여 준다. 이처럼 추상 활동의 결과물은 (　　　　) 대상의 특징을 포착하는 데에서 얻어진다.

44. **이 글의 주제로 알맞은 것을 고르십시오.**

① 추상 활동은 관찰을 바탕으로 대상을 이해하는 것이다.
② 추상 활동은 외관의 세부적 기술에서 시작되는 것이다.
③ 추상 활동의 단계는 추상화의 창작 과정에 잘 나타난다.
④ 추상 활동의 결과에는 대상의 새로운 측면이 드러난다.

45. (　　　　)**에 들어갈 내용으로 가장 알맞은 것을 고르십시오.**

① 본질의 왜곡을 통해
② 실체의 강조를 통해
③ 형태적 단순화를 통해
④ 사실적 묘사법을 통해

[46 ~ 47] **다음을 읽고 물음에 답하십시오.** (각 2점)

무인 소형 비행기 '드론'의 대중화에 대한 우려의 목소리에도 불구하고, 국토교통부는 최근 드론을 활용하는 신산업 분야에 투자하기로 결정하였다. (㉠) 정부에서 이처럼 드론 산업을 적극 지원하는 이유는 이 기술을 적용할 수 있는 분야가 무궁무진하기 때문이다. (㉡) 국토 조사를 비롯하여 재해 감시, 인명 구조 활동, 물품 수송, 통신망을 활용한 정보 전달, 여가 활동에 이르기까지 모두 드론 기술의 활용이 가능하다. (㉢) 그러나 이번 투자 결정에 따라 드론 산업이 정부 주도로 본격화됨으로써 드론의 대중화 시기가 한층 앞당겨질 것으로 기대된다. (㉣) 하지만 여전히 사생활 침해와 테러 위험 등의 보안 문제는 드론이 대중화되기 위해 넘어야 할 큰 산이다. 따라서 정부는 드론 활용 기술에 대한 투자 못지않게 드론의 악용과 위험성을 최소화하는 기술에 대한 투자에도 소홀하지 않아야 한다.

46. **위 글에서 <보기>의 글이 들어가기에 가장 알맞은 것을 고르십시오.**

〈보 기〉

이런 밝은 전망과 달리 사실 드론 산업은 드론 사용의 위험성에 대한 문제 제기로 인해 그동안 번번이 좌절을 겪어 왔다.

① ㉠ ② ㉡ ③ ㉢ ④ ㉣

47. **위 글의 내용과 같은 것을 고르십시오.**

① 드론 활용 및 악용 방지 기술에 대한 투자가 병행되고 있다.
② 드론의 안전성 검증에 대한 필요성이 꾸준히 제기되어 왔다.
③ 정부의 투자 결정으로 드론의 대중화를 둘러싼 논란이 잠잠해졌다.
④ 정부가 드론 기술에 관심을 보임에 따라 드론 산업이 가속화되었다.

[48 ~ 50] **다음을 읽고 물음에 답하십시오.** (각 2점)

젊은 인재들이 아이디어 하나로 세상을 바꿔 나가는 일이 거듭되면서, 미국의 실리콘밸리는 전 세계적으로 '창의적 기술 혁신'의 상징이 되었다. 이 모든 것이 한데 어우러져 (　　) 최적의 환경을 만들어 낸 것이다. 그런데 실리콘밸리의 모델을 한국의 여러 도시에서 다양한 형태로 적용하려는 움직임이 활발히 이루어지고 있어 고무적이다. 인주시의 경우, 첨단과학기술단지를 조성하여 입주 기업들이 자신의 역량을 펼칠 수 있도록 하였다. 투자 예산 확대나 세금 감면 혜택 등을 통해 창의적 기업 활동의 길을 활짝 열어 준 것이다. 그 결과 기업들은 인주 지역 경제 활성화와 일자리 창출에 핵심적 역할을 하고 있다. 실리콘밸리의 성공 모델을 모방하기는 했지만 지역의 특수성을 고려한 인주시의 첨단과학기술단지는 새로운 경제 성장 동력의 한 모델이 될 수 있을 것이다. 향후 여러 도시에서도 각자의 여건에 맞추어 창의적인 기업 활동 지원책을 마련할 필요가 있다.

48. **위 글을 쓴 목적으로 알맞은 것을 고르십시오.**
① 실리콘밸리의 주요 성장 동력을 분석하려고
② 기업의 역량적 활동을 지원하는 방안을 제시하려고
③ 첨단과학 중심으로 조직된 기업 단지를 소개하려고
④ 여건에 맞는 경제 환경 조성의 중요성을 제기하려고

49. (　　　)**에 들어갈 내용으로 알맞은 것을 고르십시오.**
① 문화가 창출될 수 있는　　② 실패가 용납될 수 있는
③ 자본력이 형성될 수 있는　　④ 창의성이 발휘될 수 있는

50. **밑줄 친 부분에 나타난 필자의 태도로 알맞은 것을 고르십시오.**
① 경제 활성화를 위한 다양한 시도의 긍정적 측면을 인정하고 있다.
② 경제 성장의 성공 사례가 활발히 도입되는 현상을 경계하고 있다.
③ 경제의 성공 방식을 해외에서 찾으려는 노력에 대해 감탄하고 있다.
④ 경제의 성공 요인을 다르게 파악하려는 자세에 대해 비판하고 있다.

TOPIK Ⅱ 제47회 시험이 모두 끝났습니다.

TOPIK

Test of Proficiency In Korean

第52回 TOPIK II

聞き取り問題
50問　60分

書き取り問題
4問　50分

유 의 사 항
Information

3. 시험 시작 지시가 있을 때까지 문제를 풀지 마십시오.

   Do not open the booklet until you are allowed to start.

2. 수험번호와 이름을 정확하게 적어 주십시오.

   Write your name and registration number on the answer sheet

3. 답안지를 구기거나 훼손하지 마십시오

   Do not fold the answer sheet: keep it clean.

4. 답안지의 이름, 수험번호 및 정답의 기입은 배부된 펜을 사용하여 주십시오.

   Use the given pen only.

5. 정답은 답안지에 정확하게 표시하여 주십시오.

   Mark your answer accurately and clearly on the answer sheet

   marking example | ① ● ③ ④ |

6. 문제를 읽을 때에는 소리가 나지 않도록 하십시오.

   Keep quiet while answering the questions.

7. 질문이 있을 때에는 손을 들고 감독관이 올 때까지 기다려 주십시오.

   When you have any questions, please raise your hand

듣기 Listening **TOPIK Ⅱ 제 52 회** 1교시

1 ~ 50번 문항

[1 ~ 3] **다음을 듣고 알맞은 그림을 고르십시오.** (각 2점)

1.

①
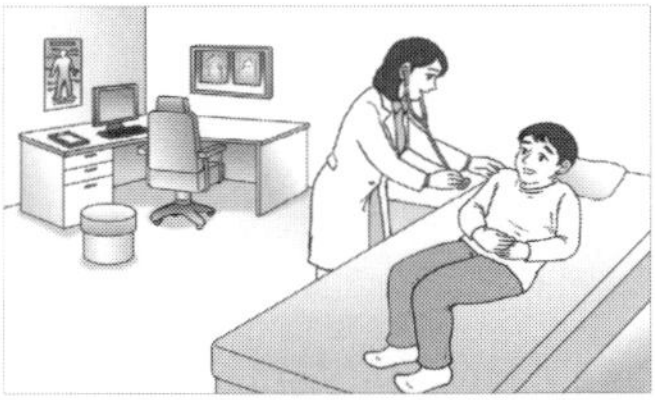

②

③
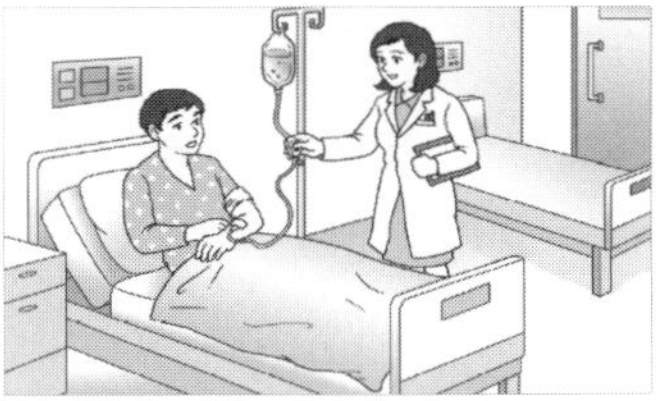

④

2.

①
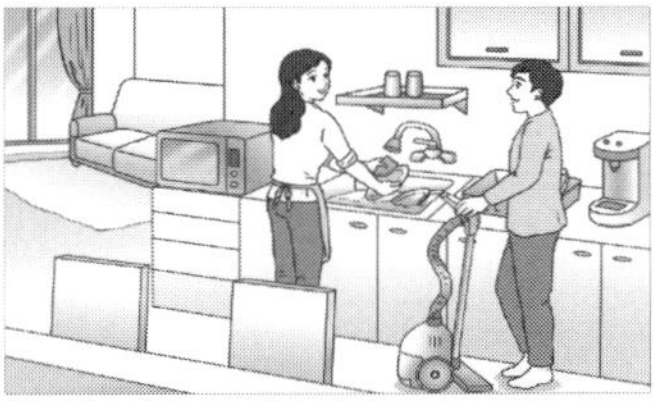

②

③

④

3.

①

②
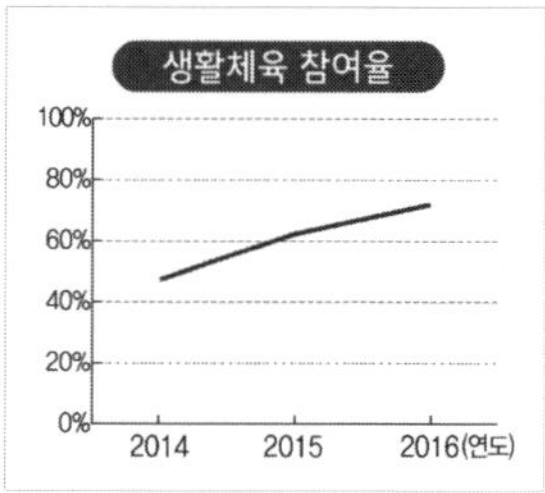

③
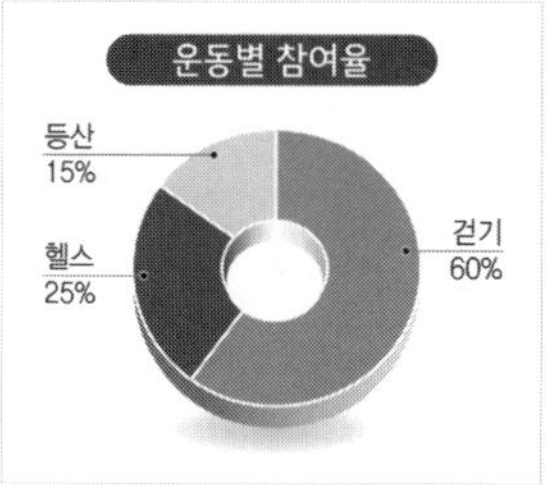

④
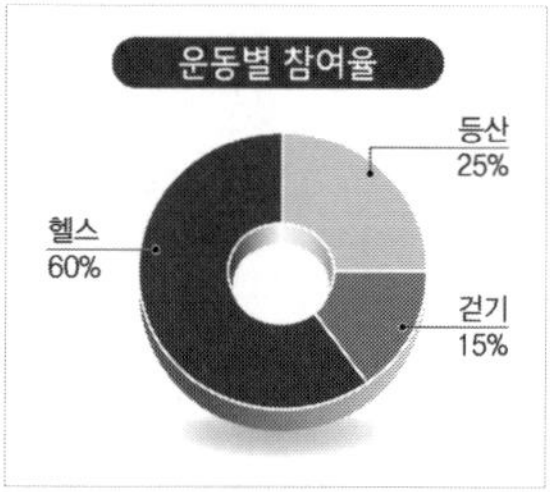

[4 ~ 8] **다음 대화를 잘 듣고 이어질 수 있는 말을 고르십시오.** (각 2점)

4.
① 찾아서 다행이네요.
② 천천히 잘 찾아봐요.
③ 가방을 찾고 있는데요.
④ 아무리 찾아도 없어서요.

5.
① 점심 먹으러 갈래요?
② 점심시간이 언제예요?
③ 식사 맛있게 하셨어요?
④ 다른 데 가서 먹을까요?

6. ① 다행히 잘 본 것 같아요.
② 생각보다 시험이 쉬웠어요.
③ 떨지 말고 면접시험 잘 보세요.
④ 열심히 준비했으니까 잘 될 거예요.

7. ① 학교 홈페이지에 있던데요.
② 다음 학기에 신청하려고 해요.
③ 이미 교환 학생 신청을 했어요.
④ 벌써 학생 선발이 끝난 것 같아요.

8. ① 화장품 좀 주문하려고 하는데요.
② 그럼 언제쯤 다시 받을 수 있을까요?
③ 이 화장품 써 보니까 정말 좋은데요.
④ 주문하신 날짜를 말씀해 주시겠어요?

[9 ~ 12] **다음 대화를 잘 듣고 여자가 이어서 할 행동으로 알맞은 것을 고르십시오.** (각 2점)

9. ① 옷을 맡긴다.
② 코트를 산다.
③ 세탁소에 간다.
④ 우편물을 가져온다.

10. ① 안내 책자를 꺼낸다.
② 안내 책자를 받는다.
③ 거래처 직원을 만난다.
④ 상자를 책상 밑에 둔다.

11. ① 전등을 산다.
② 전등을 찾는다.
③ 전등을 바꾼다.
④ 전등을 가져온다.

12. ① 현황을 확인한다.
② 부장님께 보고한다.
③ 인사과에 연락한다.
④ 지원자 명단을 본다.

[13 ~ 16] **다음을 듣고 내용과 일치하는 것을 고르십시오.** (각 2점)

13.

① 남자는 모임에 참석했다.
② 여자는 교통사고를 당했다.
③ 여자는 어제 모임에 안 갔다.
④ 남자는 얼마 전에 자동차를 샀다.

14.

① 이 세일 행사는 어제부터 시작했다.
② 모든 고객에게 양말을 선물로 준다.
③ 선물을 받으려면 행사장으로 가야 한다.
④ 행사장에 가면 청바지를 만 원에 살 수 있다.

15.

① 비는 오늘 밤에 그칠 것이다.
② 제주 지역에는 눈이 내릴 것이다.
③ 모레는 기온이 떨어져 추워질 것이다.
④ 내일 낮부터 전국적으로 비가 올 것이다.

16.

① 여자는 한 달 전에 다리를 다쳤다.
② 여자는 운동을 시작한 지 1년이 됐다.
③ 여자는 지금 다른 나라에서 선수 생활을 한다.
④ 여자는 처음에 팀 동료들과 사이가 안 좋았다.

[17 ~ 20] **다음을 듣고 남자의 중심 생각을 고르십시오.** (각 2점)

17.

① 결혼식을 하는 데 너무 많은 돈을 쓰면 안 된다.
② 결혼은 많은 사람들의 축하를 받으면서 해야 한다.
③ 결혼식 장소는 사람들이 찾아오기 편한 곳이 좋다.
④ 결혼을 결정할 때 가족들의 의견을 고려해야 한다.

18.

① 회사 일은 회사에서 끝내야 한다.
② 소비자들의 의견을 잘 들어야 한다.
③ 일을 같이 하는 사람들과 잘 지내야 한다.
④ 발표 내용은 짧고 분명하게 하는 것이 좋다.

19.

① 물건은 마트에서 사는 것이 싸다.
② 물건은 조금씩 사면 돈이 더 든다.
③ 물건은 가격이 쌀 때 사 두어야 한다.
④ 물건은 필요할 때 조금씩 사는 게 좋다.

20.

① 노래를 하는 사람은 정기적으로 앨범을 내야 한다.
② 음악을 만들 때는 여러 악기를 사용하는 것이 좋다.
③ 악기 없이 가수의 목소리만으로도 아름다운 음악이 된다.
④ 혼자 노래하는 것보다 여럿이 모여 노래하는 것이 좋다.

[21 ~ 22] **다음을 듣고 물음에 답하십시오.** (각 2점)

21. **남자의 중심 생각으로 알맞은 것을 고르십시오.**
① 우산이 홍보에 더 효과적이다.
② 우산을 만들 때 색깔이 중요하다.
③ 수첩에 학교 이름이 들어가야 한다.
④ 수첩에 메모하는 습관을 길러야 한다.

22. **들은 내용으로 맞는 것을 고르십시오.**
① 올해 처음으로 홍보 용품을 만들었다.
② 홍보 용품으로 수첩을 제작할 예정이다.
③ 여자는 남자에게 홍보 용품을 보여 줬다.
④ 홍보 용품의 색깔은 다음에 정하기로 했다.

[23 ~ 24] **다음을 듣고 물음에 답하십시오.** (각 2점)

23. **남자가 무엇을 하고 있는지 고르십시오.**
① 박물관 관람 예약을 하고 있다.
② 박물관의 위치를 안내하고 있다.
③ 박물관 이용에 대해 문의하고 있다.
④ 박물관에 사전 예약을 확인하고 있다.

24. **들은 내용으로 맞는 것을 고르십시오.**
① 이 박물관의 관람권은 환불 받을 수 없다.
② 이 박물관에는 음식을 가지고 들어갈 수 없다.
③ 이 박물관은 표를 예매하지 않아도 이용이 가능하다.
④ 이 박물관에서는 자체적으로 식당을 운영하고 있다.

[25 ~ 26] **다음을 듣고 물음에 답하십시오.** (각 2점)

25. **남자의 중심 생각으로 알맞은 것을 고르십시오.**
   ① 기업은 시민 영웅을 채용해야 한다.
   ② 기업은 사회에 도움이 되는 일에 앞장서야 한다.
   ③ 시민 영웅은 사회를 위해 자신을 희생해야 한다.
   ④ 언론은 숨어 있는 시민 영웅을 찾아 알려야 한다.

26. **들은 내용으로 맞는 것을 고르십시오.**
   ① 이 기업에 입사한 수상자가 있다.
   ② 이 상은 시상식을 따로 하지 않는다.
   ③ 이 남자는 최근에 시민 영웅상을 받았다.
   ④ 이 상은 시민들이 기부금을 모아 만들었다.

[27 ~ 28] **다음을 듣고 물음에 답하십시오.** (각 2점)

27. **남자가 여자에게 말하는 의도를 고르십시오.**
   ① 임시 공휴일을 지정하게 된 이유를 알려 주기 위해
   ② 임시 공휴일에 못 쉬는 것에 대한 불만을 제기하기 위해
   ③ 임시 공휴일이 회사 운영에 미치는 영향을 파악하기 위해
   ④ 임시 공휴일 지정으로 얻을 수 있는 효과를 강조하기 위해

28. **들은 내용으로 맞는 것을 고르십시오.**
   ① 유치원은 임시 공휴일에 쉬지 않는다.
   ② 남자는 임시 공휴일에 여행을 가려고 한다.
   ③ 여자는 아이를 맡길 곳이 없어서 걱정하고 있다.
   ④ 정부는 이번에 처음으로 임시 공휴일을 지정했다.

[29 ~ 30] **다음을 듣고 물음에 답하십시오.** (각 2점)

29. **남자는 누구인지 맞는 것을 고르십시오.**
① 식물의 향기를 분석하는 사람
② 문제가 생긴 식물을 관리하는 사람
③ 식물의 재배 방법을 연구하는 사람
④ 식물을 활용해 사람들을 치료하는 사람

30. **들은 내용으로 맞는 것을 고르십시오.**
① 남자는 식물의 향기를 이용해 약을 만든다.
② 정원에서 재배하는 식물은 판매하지 않는다.
③ 남자는 환자들에게 정원 가꾸는 법을 배웠다.
④ 식물을 재배하는 활동은 운동 능력을 향상시킨다.

[31 ~ 32] **다음을 듣고 물음에 답하십시오.** (각 2점)

31. **남자의 생각으로 알맞은 것을 고르십시오.**
① 유동 인구가 많은 곳에 매장을 만들어야 한다.
② 매장의 임대료가 매년 상승하는 것은 바람직하지 않다.
③ 지역에 따라 동일 제품의 가격이 다른 것은 불합리하다.
④ 매장의 관리 비용을 고려하여 커피 값을 책정해야 한다.

32. **남자의 태도로 알맞은 것을 고르십시오.**
① 현재의 상황을 비판하고 있다.
② 자신의 주장을 합리화하고 있다.
③ 문제에 대한 해결책을 제시하고 있다.
④ 상대방의 의견을 긍정적으로 평가하고 있다.

[33～34] **다음을 듣고 물음에 답하십시오.** (각 2점)

33. **무엇에 대한 내용인지 맞는 것을 고르십시오.**
① 지명이 만들어진 배경
② 지명을 연구하는 이유
③ 지명을 분류하는 방법
④ 지명이 변천하는 과정

34. **들은 내용으로 맞는 것을 고르십시오.**
① 토끼실은 지형이 토끼의 귀 모양을 닮은 곳이다.
② 두물머리는 한강의 물길이 하나로 합쳐지는 곳이다.
③ 소목은 소를 많이 키우는 지역에 붙여진 이름이다.
④ 땅끝마을은 한국의 가장 남쪽 끝에 있는 섬 이름이다.

[35～36] **다음을 듣고 물음에 답하십시오.** (각 2점)

35. **남자는 무엇을 하고 있는지 고르십시오.**
① 졸업생들의 업적을 소개하고 있다.
② 전문 지식의 습득을 강조하고 있다.
③ 인격 함양의 중요성을 당부하고 있다.
④ 생명과학의 발전 가능성을 진단하고 있다.

36. **들은 내용으로 맞는 것을 고르십시오.**
① 이 학교의 졸업생들은 해외 진출에 어려움을 겪고 있다.
② 이 학교는 앞으로 선후배 간의 교류를 위해 노력할 것이다.
③ 이 학교는 과학 분야에서 세계 10위권 진입을 앞두고 있다.
④ 이 학교의 학생들은 재학 중에 현장에서 실습할 기회가 있다.

[37 ~ 38] **다음은 교양 프로그램입니다. 잘 듣고 물음에 답하십시오.** (각 2점)

37. **여자의 중심 생각으로 알맞은 것을 고르십시오.**
① 숙면을 돕는 보조 용품이 다양해져야 한다.
② 수면 장애는 인간의 심리에 영향을 미친다.
③ 불면증 치료법 개발에 적극적으로 나서야 한다.
④ 수면 장애가 생긴 원인을 파악하는 것이 중요하다.

38. **들은 내용과 일치하는 것을 고르십시오.**
① 수면 보조 용품은 심리적인 문제를 해결해 준다.
② 수면 산업의 시장 규모가 빠르게 확대되고 있다.
③ 수면 산업은 생활 습관을 바꾸는 것을 목적으로 한다.
④ 수면 보조 용품 사용은 장기적인 측면에서 효과가 있다.

[39 ~ 40] **다음은 대담입니다. 잘 듣고 물음에 답하십시오.** (각 2점)

39. **이 담화 앞의 내용으로 알맞은 것을 고르십시오.**
① 서울시에서 차도를 줄이고 인도를 넓혔다.
② 서울시에서 불법 주차 단속을 강화하고 있다.
③ 서울시가 주민 설명회에 소극적으로 임하고 있다.
④ 서울시가 일방통행로를 양방향 도로로 변경하기로 했다.

40. **들은 내용과 일치하는 것을 고르십시오.**
① 이 사업으로 차량 흐름이 원활해진 곳이 있다.
② 이 사업의 시행에 반대하는 주민들이 늘고 있다.
③ 이 사업은 주차 공간 부족이라는 문제를 남겼다.
④ 이 사업에서는 도로의 제한 속도를 낮추는 방안을 검토 중이다.

[41～42] 다음은 강연입니다. 잘 듣고 물음에 답하십시오. (각 2점)

41. **이 강연의 중심 내용으로 맞는 것을 고르십시오.**
    ① 방백은 배우의 실력을 판단하는 중요한 요소이다.
    ② 관객들은 방백보다 배우의 연기에 집중해야 한다.
    ③ 방백은 관객이 등장인물을 이해하는 데 도움이 된다.
    ④ 관객들은 방백의 내용을 파악하려는 노력을 해야 한다.

42. **들은 내용과 일치하는 것을 고르십시오.**
    ① 방백은 관객들의 반응을 유도하기 위해 사용된다.
    ② 현대극에서는 배우가 방백을 하는 것이 허용된다.
    ③ 19세기 말에는 연극에서 방백이 활발히 활용되었다.
    ④ 방백은 부자연스러워서 로마 시대에는 사용되지 않았다.

[43～44] 다음은 다큐멘터리입니다. 잘 듣고 물음에 답하십시오. (각 2점)

43. **이 이야기의 중심 내용으로 맞는 것을 고르십시오.**
    ① 나방에 대해 잘못 알려져 있는 부분이 많다.
    ② 사람들은 나방의 유해성에 관심을 가져 왔다.
    ③ 나방과 나비는 유사한 행동 양식을 가지고 있다.
    ④ 나방의 애벌레는 생태계에서 중요한 역할을 한다.

44. **나방에 대한 설명으로 맞는 것을 고르십시오.**
    ① 나방의 애벌레는 새들에게 피해를 입힌다.
    ② 나방은 나비와 달리 꽃가루를 모으지 않는다.
    ③ 나방의 몸에 있는 가루는 우리 몸에 해롭지 않다.
    ④ 나방은 개체 수가 많아서 숲의 생태계를 위협한다.

[45 ~ 46] **다음은 강연입니다. 잘 듣고 물음에 답하십시오.** (각 2점)

45. **들은 내용과 일치하는 것을 고르십시오.**
① 우유 단백질 포장재는 산소 차단율이 높다.
② 탄수화물 포장재는 환경오염의 주된 원인이다.
③ 탄수화물 포장재의 미세 구멍을 줄이는 데 성공했다.
④ 우유 단백질 포장재는 음식으로 만든 최초의 포장재이다.

46. **여자가 말하는 방식으로 가장 알맞은 것을 고르십시오.**
① 친환경 제품의 문제점을 비판하고 있다.
② 과학 기술이 지닌 한계점을 지적하고 있다.
③ 환경오염 실태를 자료를 바탕으로 분석하고 있다.
④ 과학 기술 분야의 노력을 예를 들어 설명하고 있다.

[47 ~ 48] **다음은 대담입니다. 잘 듣고 물음에 답하십시오.** (각 2점)

47. **들은 내용과 일치하는 것을 고르십시오.**
① 미래 사회를 위한 새로운 복지 모델을 찾았다.
② 기본 소득을 바라보는 두 가지 입장이 존재한다.
③ 많은 나라에서 국민들에게 기본 소득을 지급하고 있다.
④ 기본 소득은 노동에 대한 최소한의 대가를 보장하는 것이다.

48. **남자의 태도로 가장 알맞은 것을 고르십시오.**
① 기본 소득의 효과에 대한 결론을 유보하고 있다.
② 기본 소득이 노동에 미칠 영향을 우려하고 있다.
③ 기본 소득이 인간의 본성에 어긋남을 지적하고 있다.
④ 기본 소득의 필요성에 대해 적극적으로 동의하고 있다.

[49 ~ 50] **다음은 강연입니다. 잘 듣고 물음에 답하십시오.** (각 2점)

49. **들은 내용과 일치하는 것을 고르십시오.**
① 붕당은 초반부터 심한 갈등을 겪었다.
② 현대의 정당 정치는 탕평책에서 비롯되었다.
③ 탕평책은 여론을 효율적으로 모으기 위한 정책이다.
④ 붕당 정치의 폐단을 해결하기 위해 탕평책이 나왔다.

50. **여자의 태도로 가장 알맞은 것을 고르십시오.**
① 조선 시대 정치 형태의 문제점을 분석하고 있다.
② 정치 이념의 부재로 인한 혼란을 경계하고 있다.
③ 정치적 균형을 위한 제도의 필요성을 제기하고 있다.
④ 여론을 바탕으로 한 정치의 효율성을 역설하고 있다.

– 1교시 / 듣기시험이 끝났습니다. 다음은 쓰기 시험입니다.–

쓰기 Writing TOPIK Ⅱ 제 52 회 1교시

51~54번 문항

[51 ~ 52] **다음을 읽고 ㉠과 ㉡에 들어갈 말을 각각 한 문장으로 쓰시오.**
(각 10점)

51.

마이클

수미 씨,
지난번에 책을 (㉠) 고맙습니다.
수미 씨의 책 덕분에 과제를 잘할 수 있었습니다.
그런데 책을 언제 (㉡)?
시간을 말씀해 주시면 찾아가겠습니다.
그럼 답장 기다리겠습니다.

52.

우리는 기분이 좋으면 밝은 표정을 짓는다. 그리고 기분이 좋지 않으면 표정이 어두워진다. 왜냐하면 (㉠). 그런데 이와 반대로 표정이 우리의 감정에 영향을 주기도 한다. 그래서 기분이 안 좋을 때 밝은 표정을 지으면 기분도 따라서 좋아진다. 그러므로 우울할 때일수록 (㉡) 것이 좋다.

53. **다음을 참고하여 '아이를 꼭 낳아야 하는가'에 대한 글을** 200 ~ 300**자로 쓰시오. 단, 글의 제목을 쓰지 마시오.** (30점)

● 조사 기관: 결혼문화연구소
● 조사 대상: 20대 이상 성인 남녀 3,000명

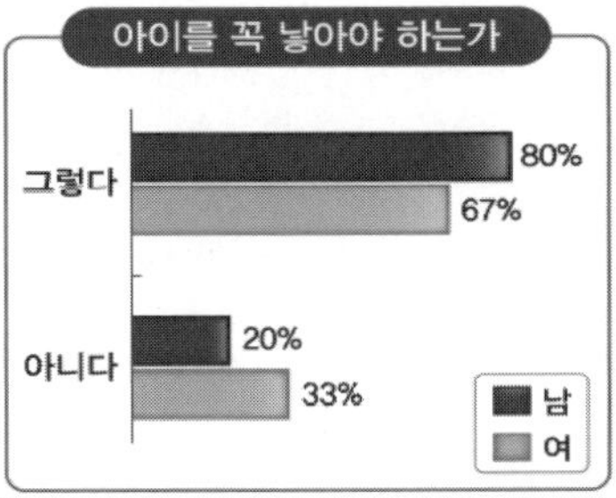

'아니다'라고 응답한 이유

	남	여
1위	양육비 부담	자유로운 생활
2위	자유로운 생활	직장 생활 유지

54. **다음을 주제로 하여 자신의 생각을** 600 ~ 700**자로 글을 쓰시오. 단, 문제를 그대로 옮겨 쓰지 마시오.** (50점)

우리는 살면서 서로의 생각이 달라 갈등을 겪는 경우가 많다. 이러한 갈등은 의사소통이 부족해서 생기는 경우가 대부분이다. 의사소통은 서로의 관계를 유지하고 발전시키는 데 중요한 요인이 된다. '의사소통의 중요성과 방법'에 대해 아래의 내용을 중심으로 자신의 생각을 쓰라.

- 의사소통은 왜 중요한가?
- 의사소통이 잘 이루어지지 않는 이유는 무엇인가?
- 의사소통을 원활하게 하는 방법은 무엇인가?

* 원고지 쓰기의 예

	우	리	는		기	분	이		좋	으	면		밝	은		표	정	을	
짓	는	다	.	그	리	고		기	분	이		좋	지		않	으	면		표

제1교시 듣기, 쓰기 시험이 끝났습니다. 제2교시는 읽기 시험입니다.

TOPIK

Test of Proficiency In Korean

第52回 TOPIK II

読解問題
50問　70分

유 의 사 항
Information

4. 시험 시작 지시가 있을 때까지 문제를 풀지 마십시오.
   Do not open the booklet until you are allowed to start.

2. 수험번호와 이름을 정확하게 적어 주십시오.
   Write your name and registration number on the answer sheet

3. 답안지를 구기거나 훼손하지 마십시오
   Do not fold the answer sheet: keep it clean.

4. 답안지의 이름, 수험번호 및 정답의 기입은 배부된 펜을 사용하여 주십시오.
   Use the given pen only.

5. 정답은 답안지에 정확하게 표시하여 주십시오.
   Mark your answer accurately and clearly on the answer sheet
   marking example ① ● ③ ④

6. 문제를 읽을 때에는 소리가 나지 않도록 하십시오.
   Keep quiet while answering the questions.

7. 질문이 있을 때에는 손을 들고 감독관이 올 때까지 기다려 주십시오.
   When you have any questions, please raise your hand

[1 ~ 2] (　　　)에 들어갈 가장 알맞은 것을 고르십시오. (각 2점)

1. **해가 뜨는 것을 (　　　) 아침 일찍 일어났다.**

① 보아야　　② 보려고
③ 보거나　　④ 보는데

2. **무슨 일을 (　　　) 열심히 하는 것이 중요하다.**

① 하든지　　② 하도록
③ 하다가　　④ 하더니

[3 ~ 4] **다음 밑줄 친 부분과 의미가 비슷한 것을 고르십시오.** (각 2점)

3. **계속 웃고 다니는 걸 보니 좋은 일이 <u>있나 보다</u>.**

① 있는 척한다　　② 있을 뿐이다
③ 있을 지경이다　　④ 있는 모양이다

4. **다음 주가 개강이니 방학도 다 <u>끝난 거나 마찬가지이다</u>.**

① 끝난 셈이다　　② 끝난 탓이다
③ 끝나기 마련이다　　④ 끝나기 나름이다

[5 ~ 8] **다음은 무엇에 대한 글인지 고르십시오.** (각 2점)

5.

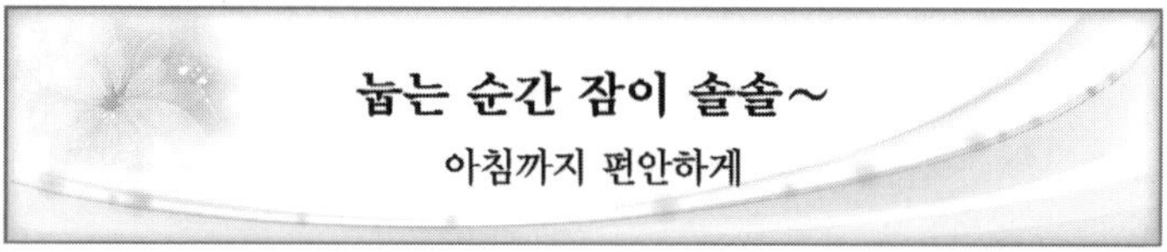

① 수건　　② 침대　　③ 시계　　④ 신발

6.

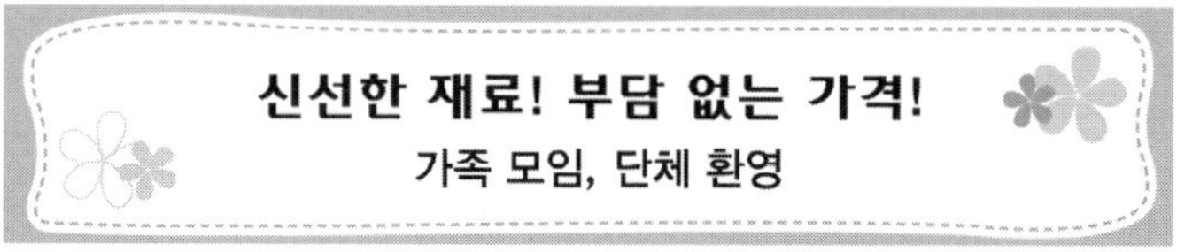

① 은행　　② 식당　　③ 세탁소　　④ 편의점

7.

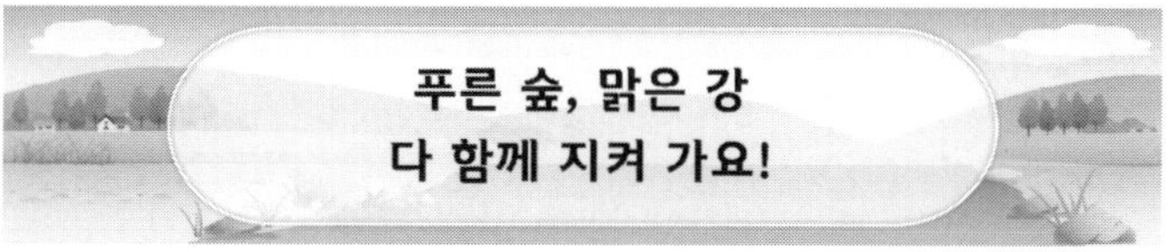

① 자연 보호　　② 시간 절약　　③ 자리 양보　　④ 안전 관리

8.

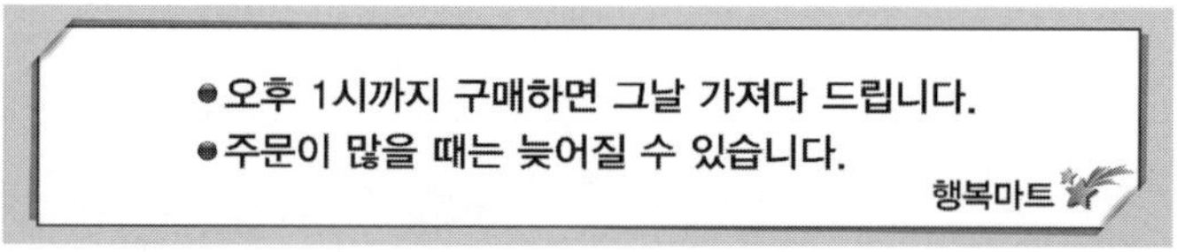

① 사용 설명　　② 배달 안내　　③ 이용 순서　　④ 교환 방법

[9 ~ 12] **다음 글 또는 도표의 내용과 같은 것을 고르십시오.** (각 2점)

9.

2017 도서 신청 안내

필요한 도서를 신청하십시오.

▶ 신청 기간 : 4월 17일(월) ~ 4월 30일(일)
▶ 신청 방법 : 도서관 홈페이지
▶ 1인 10권 이내 신청 가능(잡지, 어학 교재 제외)

※ 책이 도착하면 이메일로 알려 드립니다.

① 신청할 수 없는 책 종류가 있다.
② 책이 도착하면 전화로 연락해 준다.
③ 사월 한 달 동안 도서 신청을 받는다.
④ 필요한 책은 이메일로 신청을 해야 한다.

10.

직업 선택의 기준

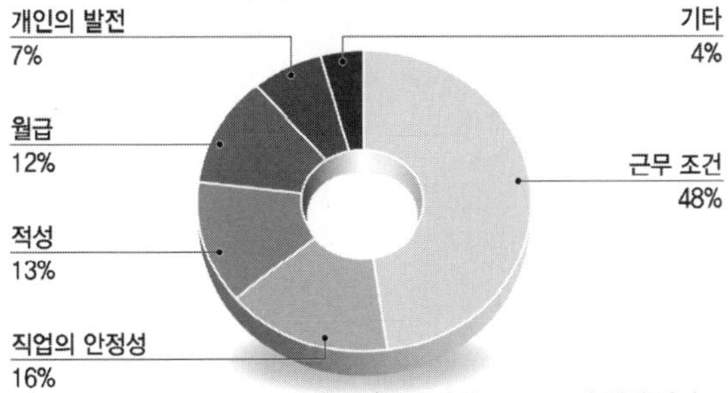

〈조사 대상 : 20~30대 성인 남녀 15,000명〉

① 직업의 안정성을 중요하게 생각하는 사람이 가장 적다.
② 월급과 적성을 중요하게 생각하는 사람의 비율이 같다.
③ 개인의 발전보다 월급을 중요하게 생각하는 사람이 더 많다.
④ 근무 조건을 중요하게 생각하는 사람이 전체의 반을 넘는다.

11.

지난 13일 인주경찰서에 편지 한 통이 배달되었다. 편지를 보낸 사람은 지난달 인주시를 방문했다가 지갑을 잃어버린 외국인 관광객 장 모 씨였다. 장 씨는 말이 통하지 않아 지갑을 찾는 데 어려움을 겪었다. 그때 한 경찰이 사전과 몸짓을 이용해 장 씨와 이야기하며 잃어버린 지갑을 찾는 데 도움을 주었다. 이에 장 씨가 고마움을 담은 감사 편지를 보낸 것이다.

① 관광객이 경찰에게 감사하는 마음을 표현했다.
② 관광객이 잃어버린 지갑을 찾지 못하고 돌아갔다.
③ 경찰이 지갑을 잃어버린 관광객에게 편지를 썼다.
④ 경찰이 관광객의 말을 이해하지 못해 도와줄 수 없었다.

12.

최근 공연을 혼자 보는 사람들이 많아졌다. 친구나 연인이 함께 보는 장르로 생각했던 뮤지컬, 연극 등도 혼자 보는 사람들이 늘어난 것이다. 한 조사 결과에 따르면 열 명 중 네 명이 혼자 공연을 관람하는 것으로 나타났다. 혼자 공연을 보는 사람들은 함께 간 사람에게 신경을 쓰지 않고 공연에만 집중할 수 있어서 좋다고 말한다.

① 사람들은 연극과 뮤지컬을 혼자 보는 장르로 생각한다.
② 혼자 공연을 보면 공연에 집중할 수 있다는 장점이 있다.
③ 사람들은 공연을 볼 때 다른 사람에게 신경을 쓰지 않는다.
④ 조사 결과에 따르면 공연을 혼자 보는 사람들이 줄고 있다.

[13 ~ 15] **다음을 순서대로 맞게 배열한 것을 고르십시오.** (각 2점)

13.

(가) 개와 고양이는 사이가 나쁜 것으로 유명하다.
(나) 개가 앞발을 드는 행동은 함께 놀고 싶다는 의미이다.
(다) 그런데 고양이는 이런 행동을 공격하는 것으로 오해하는 것이다.
(라) 둘 사이가 안 좋은 이유는 표현을 서로 다르게 받아들이기 때문이다

① (가)－(라)－(나)－(다)　② (가)－(나)－(라)－(다)
③ (나)－(다)－(가)－(라)　④ (나)－(가)－(다)－(라)

14.

(가) 시대가 변하면서 회식 문화가 바뀌고 있는 것이다.
(나) 직장에서는 좋은 업무 분위기를 위해서 회식을 한다.
(다) 예전에는 직장에서 회식을 할 때 주로 술을 많이 마셨다.
(라) 그러나 요즘에는 회식 대신에 공연을 관람하거나 맛집을 탐방하는 경우가 늘고 있다.

① (나)－(다)－(가)－(라)　② (나)－(다)－(라)－(가)
③ (다)－(가)－(나)－(라)　④ (다)－(나)－(라)－(가)

15.

(가) 아들은 보물을 찾기 위해 밭을 파 봤지만 아무것도 나오지 않았다.
(나) 아들은 실망했지만 힘들게 밭을 판 것이 아까워서 밭에 씨를 뿌렸다.
(다) 한 농부가 게으른 아들에게 밭에 보물을 숨겼다는 말을 남기고 죽었다.
(라) 시간이 흘러 많은 열매가 맺혔고 아들은 그때서야 아버지의 뜻을 알게 되었다.

① (가)－(라)－(나)－(다)　② (가)－(나)－(라)－(다)
③ (다)－(가)－(나)－(라)　④ (다)－(나)－(가)－(라)

[16 ~ 18] **다음을 읽고 (　　　　　)에 들어갈 내용으로 가장 알맞은 것을 고르십시오.** (각 2점)

16.

사람들은 일반적으로 쓴맛을 꺼린다. 이것은 (　　) 본능과 관계가 있다. 식물 중에는 독성이 있어 몸에 해로운 것들이 있다. 그런데 이런 독이 있는 식물은 보통 쓴맛이 난다. 따라서 사람들은 무의식적으로 쓴맛이 나는 것을 위험하다고 여기고 이를 거부하게 되는 것이다.

① 지나친 과식을 피하려는　　② 자신의 몸을 보호하려는
③ 맛없는 음식을 멀리하려는　　④ 입맛이 변하는 것을 막으려는

17.

대화를 원활하게 하기 위해서는 상대방에게 내가 그의 말을 잘 듣고 있다는 느낌을 주어야 한다. 이때 (　　) 행동을 하면 좋다. 대부분의 나라에서 이런 행동은 긍정을 나타낸다. 따라서 머리를 위아래로 움직이는 행동을 하면 상대방을 존중하고 이야기에 공감하고 있다는 인상을 줄 수 있다.

① 손뼉을 치는　　② 고개를 끄덕이는
③ 질문하면서 듣는　　④ 들으면서 기록하는

18.

사용 여부에 관계없이 물건을 못 버리고 저장해 두는 사람들이 있다. 습관이나 취미로 수집하는 정도를 넘어 생활에 방해가 될 정도로 심할 경우 이는 치료가 필요한 행동장애로 본다. 연구에 따르면 주변 사람들에게 사랑을 충분히 받지 못한 사람이 물건에 지나치게 집착한다고 한다. 따라서 인간관계에서 안정을 찾으면 (　　) 행동은 사라질 수 있다.

① 사람들을 피하려고 하는　　② 불필요한 물건들을 사는
③ 물건들을 집에 쌓아 두는　　④ 쓰레기를 함부로 버리는

[19 ~ 20] **다음 글을 읽고 물음에 답하십시오.** (각 2점)

인터넷으로 회원 가입을 할 때 설정하는 비밀번호는 초기에는 숫자 네 개면 충분했다. 하지만 최근에는 보안 강화를 위해 특수 문자까지 넣어 만들어야 한다. (　　　) 비밀번호 변경도 주기적으로 해야 한다. 이 때문에 가입자는 번거로운 것은 물론이고 자주 바뀌는 비밀번호를 기억하지 못해 스트레스를 받는다. 개인 정보 보호를 가입자에게만 요구하지 말고 기업도 보안 기술 개발에 적극 투자해야 한다.

19. (　　　　)**에 들어갈 알맞은 것을 고르십시오.**

① 그러면　　② 게다가　　③ 반면에　　④ 이처럼

20. **위 글의 내용과 같은 것을 고르십시오.**

① 가입자는 비밀번호 변경으로 스트레스를 받는다.
② 초기의 비밀번호는 숫자 네 개로는 만들 수 없었다.
③ 가입자는 기업에 비밀번호 설정을 까다롭게 요구한다.
④ 비밀번호 설정 시에 숫자와 문자 중 하나를 선택해야 한다.

[21 ~ 22] **다음 글을 읽고 물음에 답하십시오.** (각 2점)

> 어떤 사람들은 연예인을 열광적으로 좋아하는 청소년들을 부정적으로 본다. 학교생활에는 소홀하면서 (　　　) 무조건 연예인만 쫓아다닌다고 생각하기 때문이다. 하지만 청소년들이 연예인을 좋아하는 것을 그렇게 부정적으로만 볼 일은 아니다. 취향이 비슷한 친구들을 사귈 수도 있고 또 공부나 입시로 인한 부담감에서 벗어날 수도 있기 때문이다. 그들을 너무 부정적으로만 보지 말고 이해하려는 노력이 필요하다.

21. (　　　　　)**에 들어갈 알맞은 것을 고르십시오.**

① 앞뒤를 재고
② 발을 빼지 않고
③ 발걸음을 맞추고
④ 앞뒤를 가리지 않고

22. **위 글의 중심 생각을 고르십시오.**

① 청소년 시기에 인간관계를 넓히는 것이 좋다.
② 연예인을 좋아해도 성적에 영향을 주면 안 된다.
③ 청소년들에게 입시의 부담감을 지나치게 주지 않아야 한다.
④ 연예인을 좋아하는 청소년에 대해 이해하는 마음을 가져야 한다.

[23 ~ 24] **다음 글을 읽고 물음에 답하십시오.** (각 2점)

친정아버지가 손자들이 보고 싶다며 오랜만에 우리 집에 오셨다. 내가 집안일을 하는 사이에 아버지는 큰애를 데리고 놀이터에 다녀온다며 나가셨다. 한 시간쯤 지났는데 아버지가 다급한 목소리로 전화를 하셨다. 아이가 다쳐서 병원 응급실로 데리고 가신다는 것이었다. 나는 너무 놀라 허둥지둥 응급실로 달려갔다. 아이는 이마가 찢어져 치료를 받고 있었다. 나도 모르게 "아버지, 애 좀 잘 보고 계시지 그러셨어요?"라며 퉁명스럽게 말했다. 아버지는 아무 말씀 없이 치료받는 아이의 손만 꼭 잡고 계셨다. 집에 와서 아이를 재우고 나서야 아버지 손등의 상처가 눈에 들어왔다. 아이의 상처에는 그렇게 가슴 아파하면서 아버지의 상처는 미처 살피지 못했다. <u>나는 아버지에게 홧김에 내뱉은 말을 생각하며 약을 발라 드렸다.</u>

23. **밑줄 친 부분에 나타난 '나'의 심정으로 알맞은 것을 고르십시오.**

① 억울하다.
② 허전하다.
③ 후회스럽다.
④ 부담스럽다.

24. **위 글의 내용과 같은 것을 고르십시오.**

① 나는 친정아버지를 모시고 살고 있다.
② 아버지는 다친 큰애를 데리고 응급실에 가셨다.
③ 나는 병원에서 아이가 다쳤다는 전화를 받았다.
④ 아버지는 매일 큰애와 놀이터에서 놀아 주셨다.

[25 ~ 27] **다음 신문 기사의 제목을 가장 잘 설명한 것을 고르십시오.** (각 2 점)

25.

소비 심리 '봄바람', 백화점 매출 기지개

① 소비자들의 구매 욕구가 살아나 백화점 매출이 늘어나고 있다.
② 날씨의 영향으로 백화점에서 물건을 구입하는 사람들이 많아졌다.
③ 백화점에서 매출을 늘리기 위해 행사를 하자 사람들이 모여들었다.
④ 소비자들의 심리를 반영한 백화점의 매출 전략이 호응을 얻고 있다.

26.

연휴 마지막 날 교통 체증, 고속도로 몸살 앓아

① 연휴의 마지막 날에 고속도로에서 심각한 교통사고가 발생했다.
② 연휴에 실시한 고속도로 공사 때문에 사람들이 큰 불편을 겪었다.
③ 연휴가 끝나는 날 고속도로에 몰린 차들로 인해 길이 많이 막혔다.
④ 연휴 때마다 발생하는 교통 혼잡을 해결하기 위해 고속도로를 확장했다.

27.

시청자 사로잡는 드라마 음악, 시청률 상승 효과 '톡톡'

① 시청자에게 익숙한 음악을 활용해 드라마의 시청률을 높이려고 했다.
② 시청자들은 시청률이 높은 드라마에 더 많은 음악이 나오기를 원했다.
③ 드라마 음악을 시청자와 함께 만들어 시청률에 긍정적인 영향을 주었다.
④ 드라마 음악이 시청자에게 사랑을 받으며 시청률을 높이는 역할을 했다.

[28～31] **다음을 읽고 ( )에 들어갈 내용으로 가장 알맞은 것을 고르십시오.** (각 2점)

28.

한 연구에 따르면 과거에 비해 요즘 사람들의 손톱이 더 빨리 자란다고 한다. 80년 전 사람들은 손톱이 한 달에 3mm 정도 자랐지만 최근에는 그보다 길게 3.5mm 정도 자란다는 것이다. 손톱 주변을 ( ) 세포 활동이 활발해져 손톱이 더 빨리 자란다. 연구팀은 최근 컴퓨터나 휴대전화의 자판을 누르는 등 손가락 끝을 사용하는 일이 많아지면서 손톱이 자라는 것에 영향을 준 것으로 보았다.

① 깨끗하게 관리하면
② 감싸서 보호해 주면
③ 자극하는 활동을 하면
④ 건조하지 않게 해 주면

29.

한국에서는 보통 명절에 여러 가지 나물을 만들어 먹는다. 집집마다 조금씩 다르지만 뿌리채소, 줄기채소, 잎채소를 재료로 해서 세 가지 종류의 나물을 만드는 것이 기본이다. 이 세 가지 나물은 ( ) 상징적 의미를 담고 있다. 뿌리는 조상, 줄기는 부모, 잎은 자손을 뜻하기 때문이다. 뿌리, 줄기, 잎이 어우러져 하나의 나무가 되듯 한 집안도 이러한 결합을 통해 이루어짐을 나타내는 것이다.

① 식물의 성장과 번식이라는
② 조상과 후손의 연결이라는
③ 자연과 인간의 화합이라는
④ 음식의 장만과 나눔이라는

30.

전자레인지는 보통 음식을 따뜻하게 데울 때 사용된다. 그런데 전자레인지는 직접 열을 가하는 것이 아니라 음식에 포함된 물 분자의 움직임을 이용하여 음식을 데운다. 음식물에 전자레인지의 전자파가 닿으면 음식물 안에 있는 물 분자들이 진동하면서 열이 발생하는 것이다. 한편 얼음은 전자레인지의 전자파가 닿아도 녹지 않는다. 얼음 속의 물 분자가 얼어 있어서 (　　　) 때문이다.

① 부피가 커지기
② 결합이 안 되기
③ 움직이지 못하기
④ 열을 모두 반사하기

31.

최근 일부 대기업을 중심으로 '기업 쪼개기'가 이루어지고 있다. 이는 (　　　) 의도에서 비롯된 것이다. 그동안 대기업들은 큰 몸집 탓에 복잡한 결재 절차를 거쳐야 했다. 그런데 최근 시장 환경이 급변하면서 의사 결정 속도가 곧 기업의 경쟁력인 시대가 되었다. 이에 기업들은 계열사를 독립적인 회사로 분리하고 각 회사에 최종 결정 권한을 넘김으로써 시장 변화에 신속히 대처하고 있다.

① 회사의 이미지를 바꾸려는
② 시장의 흐름을 변화시키려는
③ 기업 간에 정보를 공유하려는
④ 의사 결정 단계를 단순화하려는

[32 ~ 34] **다음을 읽고 내용이 같은 것을 고르십시오.** (각 2점)

32.

물감은 섞거나 덧칠할수록 색이 탁해진다. 그래서 19세기 화가들은 점을 찍어 색을 표현하는 점묘법을 생각해 냈다. 이 기법은 예를 들어 빨간색과 파란색의 작은 점을 촘촘히 찍어서, 조금 떨어진 곳에서 볼 때 점들이 섞여 보라색으로 보이도록 한 것이다. 이렇게 표현한 색은 물감을 섞어서 만든 색보다 훨씬 더 맑고 부드러운 느낌을 준다. 이 때문에 점묘법은 회화의 대표적인 표현 기법으로 자리 잡게 되었고 현대 화가들도 즐겨 사용하고 있다.

① 이 기법으로 그림을 그리면 그림이 부드럽게 느껴진다.
② 이 기법은 19세기 이후에는 화가들의 외면을 받게 되었다.
③ 이 기법은 가까운 곳에서 봐야 색이 섞여 보이는 효과가 있다.
④ 이 기법으로 그림을 그릴 때는 넓은 간격으로 점을 찍어야 한다.

33.

생물들은 환경 변화에 민감하게 반응하기 때문에 환경오염을 나타내는 지표 역할을 한다. 한 예로 나팔꽃은 대기 오염의 지표가 된다. 나팔꽃에 흰색 반점이 생기면 공기가 오염되었다는 것을 알 수 있다. 또 물고기는 수질 오염 정도를 보여 준다. 은어가 살면 깨끗한 1급수의 물이라는 것을, 미꾸라지가 살면 깨끗하지 않은 3급수의 물이라는 것을 뜻한다. 이처럼 복잡한 측정 장비 없이도 지표 생물로 그 지역 환경의 오염 정도를 알 수 있다.

① 대기 오염의 여부는 지표 생물로 판별하기 어렵다.
② 자연 환경이 깨끗한 곳에서는 미꾸라지를 발견할 수 있다.
③ 물속에 사는 물고기의 종류로 물이 오염되었는지 파악할 수 있다.
④ 나팔꽃은 크기의 변화를 통해 환경 변화를 알려 주는 지표 생물이다.

34.

정부는 환자의 의약품 처방 이력을 제공하는 '의약품 안전 사용 서비스'를 실시하고 있다. 이 제도는 의료 기관에서 의약품을 처방하기 전에 환자가 다른 기관에서 어떤 약을 처방받았는지 온라인으로 점검하도록 하는 것이다. 함께 먹으면 안 되는 약이나 같은 약이 여러 번 처방될 경우 생기는 부작용을 방지하려는 목적이다. 이 제도를 통한 적절한 의약품 처방이 국민의 건강 증진에 도움이 될 것으로 기대된다.

① 이 제도를 온라인에서 이용할 수 있도록 할 예정이다.
② 환자들은 의약품을 처방받기 전에 이 제도를 이용해야 한다.
③ 환자들은 의료 기관에 방문하지 않고 의약품을 처방받을 수 있다.
④ 의약품의 부적절한 처방을 예방하기 위해 이 제도가 시행되고 있다.

[35 ~ 38] **다음 글의 주제로 가장 알맞은 것을 고르십시오.** (각 2점)

35.

현대인들은 통계를 이용해 실상을 파악하는 경우가 많다. 하지만 통계가 절대적인 사실을 반영하는 것만은 아니다. 예컨대 오이의 가격이 1월에 1,000원이고 2월에 3,000원이며 현재 2,000원이라고 가정해 보자. 현재의 오이 값을 통계에 근거해서 평가할 때 1월을 기준으로 하면 물가가 큰 폭으로 오른 것이 되고 2월을 기준으로 삼으면 대폭 하락한 것으로 이해될 수 있는 것이다.

① 통계 수치에 근거하면 실상을 파악할 수 있다.
② 현실이 반영되지 않는 통계 수치는 무의미하다.
③ 통계를 통해 물가 상승률과 하락률을 알 수 있다.
④ 통계는 기준 설정에 따라 다양하게 해석될 수 있다.

36.

철새는 종에 따라 수만에서 수십만 개체가 무리를 지어 일정한 대형으로 이동한다. 이때 대형의 선두에서 나는 새가 무리의 리더인데, 이 새는 무리를 안전하게 이끄는 역할을 맡는다. 이를 위해서 이 새는 거친 바람을 맨 앞에서 맞서 비행하며 최적의 항로와 고도를 찾아낼 수 있는 경험을 두루 갖추고 있어야 한다. 또한 어떤 위기 상황이 발생하더라도 신속하게 대처할 수 있는 판단 능력도 있어야 된다.

① 철새는 최적의 항로로 신속하게 이동해야 한다.
② 철새의 리더는 경험과 판단 능력을 갖춰야 한다.
③ 철새는 위험에 대처하기 위해 무리를 지어야 한다.
④ 철새의 리더가 되려면 대형의 선두에서 비행해야 한다.

37.

어떤 사람들은 경제적 여유를 얻게 되면서 삶의 무료함을 느끼기도 한다. 그런데 사람들은 이런 무료함을 별것 아닌 사소한 것으로 여기는 경향이 있다. 하지만 무료함은 개인의 행복한 삶을 저해하는 하나의 요소가 될 수도 있다. 돈이나 명예로는 남부럽지 않을 것 같은 사람들이 무료함 때문에 사회적 일탈 행동을 하기도 하고 무료함이 심해져 우울증으로까지 발전하는 경우도 있기 때문이다. 무료함은 간과해도 되는 사소한 것이 아니다.

① 경제적 여유가 있는 사람들이 무료함에 빠지기 쉽다.
② 사회적 일탈 행동은 돈과 명예가 없는 데에서 기인한다.
③ 무료함을 가볍게 여기지 말고 그 심각성을 인식해야 한다.
④ 행복한 삶을 위해서는 우울증을 예방하려고 노력해야 한다.

38.

사과를 할 때 진심 없이 건성으로 하는 사람들이 있다. 또한 어떤 사람들은 사과를 할 때 선한 의도로 행한 것이었음을 강조하면서 행위에 대한 책임을 회피하려고 한다. 하지만 사과는 어떤 일의 결과에 책임을 지는 행위가 되어야 한다. 의도가 선한 것이었든 악한 것이었든 자신의 행위가 상대방에게 고통을 주었다면 그에 대한 책임을 져야 진정한 사과가 되는 것이다. 사과를 하는 사람들이 먼저 알아야 하는 것이 바로 이것이다.

① 일의 결과를 책임지는 것이 진정한 사과이다.
② 잘못을 해도 의도가 선하다면 용서를 해야 한다.
③ 사과는 잘못을 반복하지 않기 위해 하는 것이다.
④ 악의적인 의도로 상대방에게 고통을 주면 안 된다.

[39 ~ 41] **다음 글에서 <보기>의 글이 들어가기에 가장 알맞은 곳을 고르십시오.** (각 2점)

39.

한 연구팀이 냄새가 나지 않는 무취 상태의 조건을 알아냈다. (㉠) 사람의 코는 다양한 냄새 중에 농도가 짙은 것 위주로 냄새를 맡는다. (㉡) 그런데 서로 다른 냄새 입자를 동일한 양으로 섞으면 사람의 코는 냄새가 거의 나지 않는 것처럼 느낀다는 것이다. (㉢) 여기에서 착안해 악취를 없애는 기술을 연구하고 있다. (㉣) 이 기술이 개발되면 심한 악취 환경에서 작업하는 사람들의 어려움을 줄여 줄 수 있을 것이다.

〈보 기〉

악취에 동일한 양의 다른 냄새들을 더해 악취를 느끼지 못하게 하는 것이 목표이다.

① ㉠　　② ㉡　　③ ㉢　　④ ㉣

40.

요리사 박찬일 씨가 에세이집 『미식가의 허기』를 펴냈다. (㉠) 이 책에는 서민들이 일상적으로 먹던 음식들이 계절별로 소개되어 있다. (㉡) 그러나 음식에 대한 내용만 담겨 있는 것은 아니다. (㉢) 산지에서 음식 재료를 생산하기 위해 애쓰는 사람들, 그 재료로 뜨거운 불 앞에서 음식을 준비하는 사람들에 대한 이야기도 있다. (㉣) 이 책은 미각을 자극하기보다는 한 끼 식사가 마련되는 과정의 어려움을 일깨운다.

〈보 기〉

작가는 따뜻한 한 끼의 음식과 그것을 만들기까지 수고한 사람들에 대한 이야기를 담고 싶었던 것이다.

① ㉠ ② ㉡ ③ ㉢ ④ ㉣

41.

지금 우리는 기계가 인간의 인지적인 영역까지 대신하는 제2의 기계 시대로 접어들고 있다. (㉠) 이러한 비약적인 기계 발전의 시대가 인간의 삶을 더 윤택하게 할지 더 소외시킬지 단정 지을 수는 없다. (㉡) 하지만 급속한 기술의 발달로 현재의 산업 구조가 크게 바뀐다는 것만은 분명하다. (㉢) 그래서 지금 초등학교에 진학하는 아이들의 65%는 현재에는 없는 직업을 갖게 될 것으로 전망된다. (㉣)

〈보 기〉

산업 구조의 변화에 따라 당연히 일자리의 변동성도 커질 것이다.

① ㉠ ② ㉡ ③ ㉢ ④ ㉣

[42 ~ 43] **다음 글을 읽고 물음에 답하십시오.** (각 2점)

예쁘고 멋쟁이인 박영은 선생님을 새 담임으로 맞이한 것은 우리 모두에게 가슴 떨리는 일이었다. 먼젓번 담임 선생님의 말은 죽어라고 안 듣던 말썽꾸러기들이 박 선생님 앞에서는 고개도 제대로 못 들고 수줍어했다. 우리 반은 당장 전교에서 제일 말 잘 듣고 가장 깨끗한 반이 되었다. 나도 박 선생님에게 잘 보이고 싶은 마음이 태산 같았지만 늘 그렇듯이 머리가 따라 주지를 않았다. 아마 이번 시험에서도 모든 과목이 50점을 넘지 못했을 것이다. 아이들이 모두 떠난 교실에서 나는 몸을 비비 꼬며 창밖에서 놀고 있는 아이들에게 시선을 주고 있었다. (중략) 선생님이 마침내 입을 연 것은 20분이나 시간이 지나서였다. (중략)

"동구를 가만히 보면, 아는데 말을 못하는 적도 많은 것 같아. 그러다 보니 자신감도 없어지고."

<u>나의 간지럽고 아픈 부분을 이렇게나 간결하게 짚어 준 사람이 내 인생에 또 있으랴.</u> 공부 못하는 죄를 추궁당하는 것이 아니라 공부 못하는 서러움을 이해받는 것은 생애 처음 있는 일이었다. 안 그래도 물러 터진 내 마음은 완전히 물에 만 휴지처럼 흐물흐물해져서, 예쁘고 멋진 데다 현명하기까지 한 박 선생님 앞에서 때 아닌 눈물까지 한 방울 선을 보일 뻔했다.

42. **밑줄 친 부분에 나타난 '나'의 심정으로 알맞은 것을 고르십시오.**

① 난처하다.
② 담담하다.
③ 감격스럽다.
④ 의심스럽다.

43. **위 글의 내용과 같은 것을 고르십시오.**

① 나는 담임 선생님께 인정을 받고 싶다.
② 반 아이들은 요즘 교실 청소를 잘 하지 않는다.
③ 반 아이들은 예전 담임 선생님 말을 잘 들었다.
④ 담임 선생님은 내가 공부를 못해서 화를 내셨다.

[44 ~ 45] **다음을 읽고 물음에 답하십시오.** (각 2점)

보편적 디자인이란 성별, 연령, 장애의 유무 등에 관계없이 누구나 편리하게 이용할 수 있도록 제품이나 사용 환경을 만드는 것을 말한다. 산업 혁명 시대에는 대량 생산을 목적으로 생산의 효율성을 추구하였다. 따라서 디자인을 할 때 (   ). 그러다 보니 여기에 속하지 못한 대상들은 불편을 겪을 수밖에 없었다. 이에 대한 비판과 반성에서 출발한 것이 보편적 디자인이다. 대표적인 예가 계단이 없는 저상 버스인데 이 버스는 타고 내리기 쉬워 어린이와 노인, 임산부와 장애인 등 모두가 편리하게 이용할 수 있다. 다양한 대상의 특성을 고려한 보편적 디자인은 최대한 많은 사람들이 차별 없이 생활할 수 있는 환경을 조성하는 데 큰 몫을 하고 있다.

44. **위 글의 주제로 알맞은 것을 고르십시오.**

① 과거와는 다른 새로운 디자인의 개발이 요구된다.
② 보편적 디자인을 사용해야 제품의 대량 생산이 가능하다.
③ 보편적 디자인은 사회의 여러 계층을 고려한 디자인이다.
④ 제품을 디자인할 때 가장 중요한 것은 생산의 효율성이다.

45. (   )**에 들어갈 내용으로 가장 알맞은 것을 고르십시오.**

① 생산할 제품의 특성을 최대한 반영하였다.
② 편리한 사용 환경을 마련해 주고자 하였다.
③ 당시 널리 퍼져 있던 유행의 흐름을 따랐다.
④ 표준이라 여기는 다수만을 기준으로 하였다.

[46 ~ 47] **다음을 읽고 물음에 답하십시오.** (각 2점)

> 보수와 진보의 개념은 정치뿐만 아니라 경제 분야에서도 사용된다. (㉠) 자유를 중시하는 보수주의자들은 자유가 최대한 보장될 때 경제 성장이 가능하다고 본다. 그래서 경제를 시장의 자율에 맡기고 정부는 최소한의 역할만을 담당해야 한다고 주장한다. (㉡) 반면 평등을 우선시하는 진보주의자들은 시장을 자율에 맡기기보다 국가가 개입해야 한다고 생각한다. (㉢) 그래야 시장 경제 체제의 문제점인 불평등을 해소할 수 있다고 주장한다. 보수와 진보 중 어느 하나의 입장만이 옳다고 단정하기는 어렵다. 경제 발전을 위해서는 보수가 추구하는 바가 필요하며 경제 발전에 따른 문제점을 해결하기 위해서는 진보의 정책들이 요구된다. 보수와 진보가 서로 보완하여 상호 균형을 이룰 때 경제는 더 발전적인 방향으로 나아갈 수 있을 것이다. (㉣)

46. **위 글에서 <보기>의 글이 들어가기에 가장 알맞은 곳을 고르십시오.**

〈보 기〉

> 경제적 관점에서 보수와 진보는 시장 경제를 조절하는 두 축인 시장과 국가의 역할에 대한 견해에 따라 구분된다.

① ㉠　　② ㉡　　③ ㉢　　④ ㉣

47. **위 글의 내용과 같은 것을 고르십시오.**

① 경제 성장을 위해서는 국가가 시장을 주도해야 한다.
② 시장 경제를 제어할 수 있는 주체는 시장이 유일하다.
③ 진보주의자가 보수주의자에 비해 자유에 더 가치를 둔다.
④ 경제 성장으로 인한 문제 해결에는 진보적 관점이 필요하다.

[48 ~ 50] **다음을 읽고 물음에 답하십시오.** (각 2점)

특허법은 독창적인 기술을 최초로 발명한 사람에게 기술에 대한 독점적 사용권을 부여하는 대신 그 기술을 사회에 공개할 의무를 부과한다. 공개된 기술 공유를 통해 사회 전체의 기술력을 높이는 것이 특허의 취지이다. 이런 취지에 부합하여 실제로 특허 제도는 기술 혁신과 산업 발전에 크게 이바지해 왔다. 그런데 최근 들어 특허의 본래 취지가 변질되어 기술 개발보다 독점권 확보를 우선하는 현상이 두드러지게 나타나고 있다. (　　) 상태에서 마구잡이 특허 출원으로 권리부터 선점해 놓고 기술을 개발하려는 경우가 비일비재한 것이다. 이 때문에 정작 신기술 개발에 힘들게 성공한 사람들이 권리를 확보하지 못하는 경우가 자주 발생하곤 한다. 특허는 발명의 대가로 당연히 보호받을 가치가 있다. 하지만 그것은 기술 개발에 성공해 사회 발전에 공헌하는 경우에 한해서이다. 무분별한 특허 출원으로 기술 발전을 저해한다면 이는 특허가 가진 본래의 취지를 훼손하는 것이다.

48. **위 글을 쓴 목적으로 알맞은 것을 고르십시오.**
① 특허 심사 절차를 설명하기 위해서
② 특허권의 필요성을 역설하기 위해서
③ 특허의 실질적 가치를 분석하기 위해서
④ 특허 출원 남용의 문제를 제기하기 위해서

49. (　　　)**에 들어갈 내용으로 가장 알맞은 것을 고르십시오.**
① 특허가 만료되지 않은　　② 신기술을 특허로 인정받은
③ 기술이 완벽하게 개발되지 않은　　④ 기존의 기술과 차별성을 확인한

50. **밑줄 친 부분에 나타난 필자의 태도로 알맞은 것을 고르십시오.**
① 특허 출원 감소를 심각하게 우려하고 있다.
② 특허권자의 독점권을 강하게 옹호하고 있다.
③ 특허 제도의 정책적 보완을 강력히 요구하고 있다.
④ 특허 제도가 사회에 기여한 바를 높이 평가하고 있다.

TOPIK Ⅱ 제52회 시험이 모두 끝났습니다.

TOPIK

Test of Proficiency In Korean

第60回 TOPIK II

聞き取り問題
50問　60分

書き取り問題
4問　50分

유 의 사 항
Information

5. 시험 시작 지시가 있을 때까지 문제를 풀지 마십시오.

   Do not open the booklet until you are allowed to start.

2. 수험번호와 이름을 정확하게 적어 주십시오.

   Write your name and registration number on the answer sheet

3. 답안지를 구기거나 훼손하지 마십시오

   Do not fold the answer sheet: keep it clean.

4. 답안지의 이름, 수험번호 및 정답의 기입은 배부된 펜을 사용하여 주십시오.

   Use the given pen only.

5. 정답은 답안지에 정확하게 표시하여 주십시오.

   Mark your answer accurately and clearly on the answer sheet

   marking example ① ● ③ ④

6. 문제를 읽을 매에는 소리가 나지 않도록 하십시오.

   Keep quiet while answering the questions.

7. 질문이 있을 매에는 손을 들고 감독관이 올 때까지 기다려 주십시오.

   When you have any questions, please raise your hand

듣기 Listening TOPIK Ⅱ 제60회 1교시

1~50번 문항

[1~3] **다음을 듣고 알맞은 그림을 고르십시오.** (각 2점)

1.

①

②

③

④

2.

①

②

③

④

3.

①

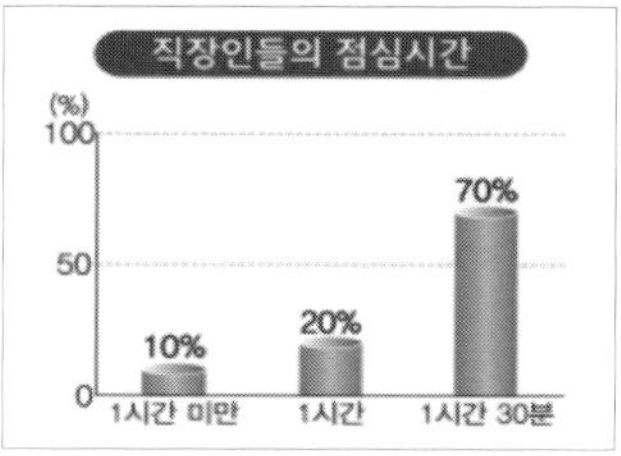

②

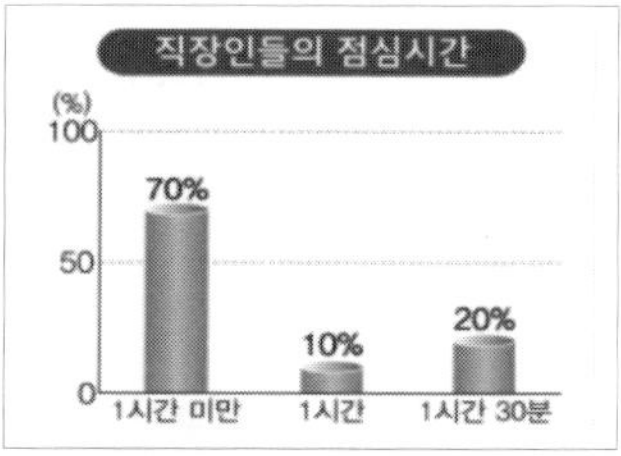

③

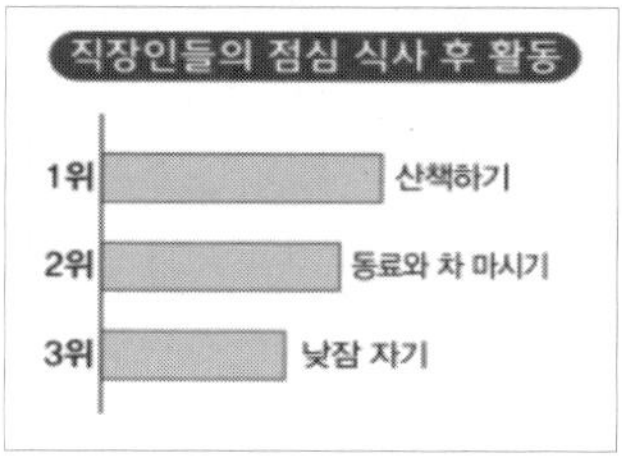

④

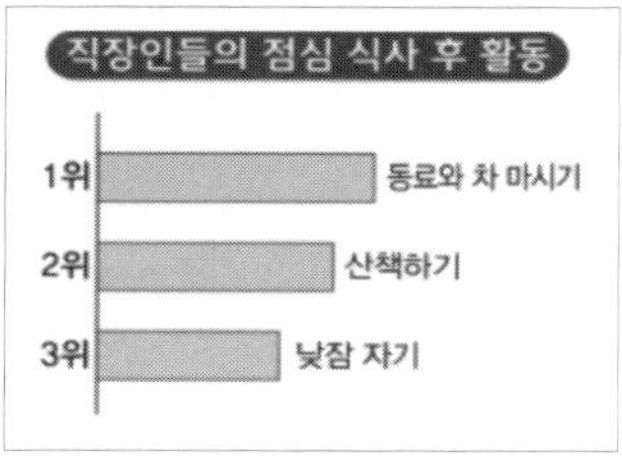

[4 ~ 8] **다음 대화를 잘 듣고 이어질 수 있는 말을 고르십시오.** (각 2점)

4.

① 장소를 다시 말해 주세요.
② 다음 모임은 안 갈 거예요.
③ 이번 주에 만나면 좋겠어요.
④ 정문 옆에 있는 식당이에요.

5.

① 아침 일찍 기차를 탔어.
② 표가 없어서 아직 못 갔어.
③ 표가 있는지 한번 알아볼게.
④ 금요일 오후 표는 취소하자.

6.

① 발표는 늘 어렵지요.

② 계획부터 세워 보세요.

③ 외국어 공부를 좀 할까 해요.

④ 학기가 시작되면 많이 바빠요.

7.

① 응. 시골에서 산 적이 있어.

② 아니. 너무 지루해서 졸았어.

③ 아니. 드라마 볼 시간이 없었어.

④ 응. 두 사람 보면서 한참 웃었어.

8.

① 만족도가 높은 편입니다.

② 조사 결과가 나왔습니다.

③ 프로그램이 적은 것 같습니다.

④ 질문을 다시 정리해 보겠습니다.

[9～12] **다음 대화를 잘 듣고 <u>여자</u>가 이어서 할 행동으로 알맞은 것을 고르십시오.** (각 2점)

9.

① 그릇 색깔을 고른다.

② 그릇 가격을 물어본다.

③ 전시할 그릇을 바꾼다.

④ 남자에게 그릇을 준다

10.

① 서류를 찾는다.

② 신분증을 꺼낸다.

③ 카드를 보여 준다.

④ 신청서를 작성한다.

11.

① 건전지를 가지러 간다.

② 현재 시간을 확인한다.

③ 시계를 벽에서 내린다.

④ 건전지를 서랍에 넣는다.

12.

① 회의 자료를 만든다.
② 회의 자료를 출력한다.
③ 거래처 직원을 만난다.
④ 거래처에 일정을 알린다.

[13~16] **다음을 듣고 내용과 일치하는 것을 고르십시오.** (각 2점)

13.

① 남자는 봉사 활동을 시작하려고 한다.
② 여자는 봉사 활동 때문에 고민하고 있다.
③ 여자는 봉사 활동 검색 사이트를 이용해 봤다.
④ 남자는 여자와 함께 봉사 활동을 한 적이 있다.

14.

① 점검은 내일 할 예정이다.
② 오전에 점검이 모두 끝난다.
③ 비상벨이 여러 번 울릴 것이다.
④ 점검이 시작되면 밖으로 나가야 한다.

15.

① 간판이 떨어져서 다친 사람이 있다.
② 태풍은 오늘 밤에 더 강해질 것이다.
③ 이번 태풍의 특징은 비가 많이 오는 것이다.
④ 제주도는 아직 태풍의 영향을 받고 있지 않다.

16.

① 한국에는 이 일을 하는 사람이 많다.
② 꼼꼼한 사람은 이 일에 맞지 않는다.
③ 이 일을 하는 데에 자격증은 필요 없다.
④ 이 일을 할 때 예술적 감각이 도움이 된다.

[17~20] 다음을 듣고 남자의 중심 생각을 고르십시오. (각 2점)

17.

① 오래 볼 수 있는 꽃이 좋다.
② 관리가 쉬운 식물을 사고 싶다.
③ 식물은 집 밖에서 키워야 한다.
④ 집에 꽃이 많은 화분이 있어야 한다.

18.

① 신청서에 쓸 정보를 줄이면 좋겠다.
② 신청서 쓰는 방법을 안내해야 한다.
③ 신청자 요구에 맞는 수업을 해야 한다.
④ 수업 내용을 미리 알려 주는 것이 좋다.

19.

① 아이들 책은 무겁지 않아야 한다.
② 아이들 책은 온라인으로 사야 한다.
③ 아이들 책은 전문가의 추천이 중요하다.
④ 아이들 책은 직접 본 후에 사는 게 좋다.

20.

① 시사 프로그램은 일반인에게 인기를 얻기 어렵다.
② 일반인의 눈높이에서 시사 문제를 전달해야 한다.
③ 청취자가 참여하는 시사 프로그램을 만들고 싶다.
④ 시사 프로그램 진행자는 청취자의 질문에 답해야 한다.

[21~22] 다음을 듣고 물음에 답하십시오. (각 2점)

21. 남자의 중심 생각으로 맞는 것을 고르십시오.

① 교실의 불편한 점을 고쳐야 한다.
② 빈 교실을 토론방으로 활용하는 게 좋다.
③ 학생들의 팀별 과제를 늘릴 필요가 있다.
④ 토론 수업을 위해 교실을 넓게 지어야 한다.

22. 들은 내용으로 맞는 것을 고르십시오.

① 지하에 창고를 새로 만들었다.
② 남자는 빈 교실의 환기 문제를 해결했다.
③ 여자는 지난주에 선생님들과 회의를 했다.
④ 지하에 있는 교실에 에어컨을 모두 설치했다.

[23~24] 다음을 듣고 물음에 답하십시오. (각 2점)

23. 남자가 무엇을 하고 있는지 맞는 것을 고르십시오.

① 정장 대여 방법을 알아보고 있다.
② 정장 대여 날짜를 문의하고 있다.
③ 정장 대여 가격을 확인하고 있다.
④ 정장 대여 예약을 변경하고 있다

24. 들은 내용으로 맞는 것을 고르십시오.

① 센터에서 신청자가 입을 옷을 골라 준다.
② 센터에 가서 정장 대여 신청서를 내야 한다.
③ 이 서비스로 신청한 옷을 택배로 받기는 어렵다.
④ 이 서비스는 인주시에 살고 있어야 이용할 수 있다.

[25~26] 다음을 듣고 물음에 답하십시오. (각 2점)

25. **남자의 중심 생각으로 알맞는 것을 고르십시오.**
① 아이들이 노는 놀이터는 공간이 넓을수록 좋다.
② 놀이터에 다양한 놀이 기구를 더 설치해야 한다.
③ 놀이 기구가 없는 놀이터는 상상력을 기르기에 좋다.
④ 놀이터에 있는 놀이 기구의 관리를 철저히 해야 한다.

26. **들은 내용으로 맞는 것을 고르십시오.**
① 이 놀이터는 기존 놀이터보다 작아졌다.
② 안전을 위해 놀이터의 통나무들을 치웠다.
③ 이 놀이터에서 아이들이 물놀이를 할 수 있다.
④ 놀이터 안에 모래밭을 없애고 언덕을 만들었다.

[27~28] 다음을 듣고 물음에 답하십시오. (각 2점)

27. **남자가 여자에게 말하는 의도를 고르십시오.**
① 단합 대회의 의의를 말하려고
② 단합 대회 참여를 부탁하려고
③ 단합 대회의 방식을 바꾸려고
④ 단합 대회의 문제를 지적하려고

28. **들은 내용으로 맞는 것을 고르십시오.**
① 단합 대회에서 음식을 만들어 먹었다.
② 여자는 단합 대회에 참석하지 않았다.
③ 단합 대회는 회사 안에서 진행되었다.
④ 남자는 단합 대회에서 운동을 안 했다.

[29~30] **다음을 듣고 물음에 답하십시오.** (각 2점)

29. **남자는 누구인지 맞는 것을 고르십시오.**
① 공연 장소를 섭외하는 사람
② 공연장 좌석을 안내하는 사람
③ 공연장에서 안전을 관리하는 사람
④ 공연장의 무대 시설을 고치는 사람

30. **들은 내용으로 맞는 것을 고르십시오.**
① 오늘 공연은 실내에서 진행되었다.
② 비가 왔음에도 공연장에 사람들이 많았다.
③ 오늘 공연 중 열성 팬으로 인한 사고가 있었다.
④ 남자는 실내보다 야외에서 일할 때 마음이 편하다.

[31~32] **다음을 듣고 물음에 답하십시오.** (각 2점)

31. **남자의 생각으로 알맞은 것을 고르십시오.**
① 생계형 범죄 예방을 위한 대책이 효과가 없다.
② 생계형 범죄로 인한 피해를 보상해 주어야 한다.
③ 생계형 범죄에 대한 사회적 인식 개선이 필요하다.
④ 생계형 범죄도 다른 범죄와 동일하게 처벌해야 한다.

32. **남자의 태도로 알맞은 것을 고르십시오.**
① 상대방 의견에 반대하고 있다.
② 제도의 문제점을 지적하고 있다.
③ 문제 해결 방안에 공감하고 있다.
④ 상대가 제시한 근거를 의심하고 있다.

[33~34] 다음을 듣고 물음에 답하십시오. (각 2점)

33. **무엇에 대한 내용인지 맞는 것을 고르십시오.**
① 우주 식품의 개발 배경
② 우주 식품을 먹는 방법
③ 우주 식품 제조 시 고려 사항
④ 우주 식품 운반 시 주의 사항

34. **들은 내용으로 맞는 것을 고르십시오.**
① 우주 식품은 자극적이지 않게 만든다.
② 우주 식품에는 특정 미생물이 들어 있다.
③ 우주 식품은 대부분 액체 형태로 만들어진다.
④ 우주 식품에는 뼈와 근육에 좋은 성분이 포함된다.

[35~36] 다음을 듣고 물음에 답하십시오. (각 2점)

35. **남자는 무엇을 하고 있는지 고르십시오.**
① 제품의 완성 시기를 발표하고 있다.
② 최근에 출시된 제품을 홍보하고 있다.
③ 제품 결함에 대해 사과의 말을 전하고 있다.
④ 신제품 출시 지연에 대해 양해를 구하고 있다.

36. **들은 내용으로 맞는 것을 고르십시오.**
① 소비자 과실로 제품에 문제가 발생하였다.
② 현재 제품에 대한 기능 점검이 진행 중이다.
③ 이 회사는 처음으로 카메라를 출시할 예정이다.
④ 지난해에 나온 제품은 무료로 교환해 줄 것이다.

[37~38] **다음은 교양 프로그램입니다. 잘 듣고 물음에 답하십시오.** (각 2점)

37. **여자의 중심 생각으로 알맞은 것을 고르십시오.**
① 특수 목재는 건축 재료로서 이점이 많다.
② 목조 건물의 높이를 제한할 필요가 있다.
③ 목조 건물을 짓는 것은 신중히 생각해야 한다.
④ 특수 목재 가공 기술의 장단점을 파악해야 한다.

38. **들은 내용과 일치하는 것을 고르십시오.**
① 18층짜리 목조 건물이 현재 건설 중이다.
② 특수 목재에는 휘어짐과 뒤틀림이 존재한다.
③ 특수 목재로 건물을 지으면 공사 기간이 늘어난다.
④ 특수 목재로 지은 건물은 지진의 영향을 덜 받는다.

[39~40] **다음은 대담입니다. 잘 듣고 물음에 답하십시오.** (각 2점)

39. **이 담화 앞의 내용으로 알맞은 것을 고르십시오.**
① 원작자들이 야구단을 상대로 소송을 걸었다.
② 응원가에 대한 관중들의 선호도를 조사했다.
③ 야구단에서 작곡가들에게 응원가 제작을 요청했다.
④ 원작자들이 더 이상 곡을 바꾸지 않기로 결정했다.

40. **들은 내용과 일치하는 것을 고르십시오.**
① 원곡의 가사만 바꾸면 법적으로 문제가 없다.
② 야구단은 원곡을 바꿔서 응원가로 사용해 왔다.
③ 앞으로 경기장에서 응원가가 더 많이 나올 것이다.
④ 야구단에서 원작자의 허락을 받은 후에 곡을 수정했다.

[41~42] **다음은 강연입니다. 잘 듣고 물음에 답하십시오.** (각 2점)

41. **이 강연의 중심 내용으로 맞는 것을 고르십시오.**
① 수라상은 왕의 국정 운영에 활용되었다.
② 수라상의 음식 수는 왕의 권력을 나타냈다.
③ 수라상은 조선 시대 음식 문화를 보여 준다.
④ 수라상의 의미는 시대마다 다르게 해석된다.

42. **들은 내용과 일치하는 것을 고르십시오.**
① 왕은 수라상의 반찬을 통해 지방 상황을 살폈다.
② 자연재해가 발생해도 수라상은 동일하게 구성됐다.
③ 왕의 건강이 나빠지면 신하들은 반찬 수를 줄였다.
④ 조선 시대 수라상에는 제철 특산품을 올리기 힘들었다.

[43~44] **다음은 다큐멘터리입니다. 잘 듣고 물음에 답하십시오.** (각 2점)

43. **이 이야기의 중심 내용으로 맞는 것을 고르십시오.**
① 새끼 양육 방식이 오랑우탄의 식습관에 영향을 미쳤다.
② 나뭇잎 즙으로 통증을 치료하는 오랑우탄이 발견되었다.
③ 사포닌이 든 나뭇잎의 맛을 즐기는 오랑우탄이 늘고 있다.
④ 오랑우탄은 나뭇잎을 구하기 위해 서식지를 옮기기 시작했다.

44. **이 나뭇잎을 일반 동물들이 꺼리는 이유로 맞는 것을 고르십시오.**
① 뜯기 힘들어서
② 건강에 좋지 않아서
③ 사포닌의 맛을 싫어해서
④ 새끼에게 먹이기 어려워서

[45~46] **다음은 강연입니다. 잘 듣고 물음에 답하십시오.** (각 2점)

45. **들은 내용과 일치하는 것을 고르십시오.**
① 호박은 광물로 만들어져 물에 뜰 수 없다.
② 호박은 다른 보석들처럼 흠집이 없는 게 좋다.
③ 호박 내부의 불순물이 잘 보이면 가격이 비싸진다.
④ 호박은 다이아몬드와 비슷한 물질로 구성되어 있다.

46. **여자가 말하는 방식으로 가장 알맞은 것을 고르십시오.**
① 호박의 가공 과정을 살피고 있다.
② 호박의 개념을 다시 정의하고 있다.
③ 호박의 유형을 파악해 비교하고 있다.
④ 호박의 특징과 가치를 설명하고 있다.

[47~48] **다음은 대담입니다. 잘 듣고 물음에 답하십시오.** (각 2점)

47. **들은 내용과 일치하는 것을 고르십시오.**
① 적정 인구 판정에 삶의 질을 반영하기 어렵다.
② 적정 인구를 정한 후에 인구 대책 마련이 가능하다.
③ 적정 인구 계산에 사회적 규모는 고려되지 않는다.
④ 적정 인구 기준은 모든 나라에 동일하게 적용된다.

48. **남자의 태도로 가장 알맞은 것을 고르십시오.**
① 적정 인구의 계산 방식을 비판하고 있다.
② 적정 인구 판정의 어려움을 토로하고 있다.
③ 적정 인구 논의의 영향에 대해 우려하고 있다.
④ 적정 인구 논의의 적절한 방향을 제시하고 있다.

[49~50] **다음은 강연입니다. 잘 듣고 물음에 답하십시오.** (각 2점)

49. **들은 내용과 일치하는 것을 고르십시오.**
① 현재 인공 장기 이식 연구가 진행 중에 있다.
② 면역력 해결을 위한 기술이 곧 개발될 것이다.
③ 과거에는 장기 이식의 거부 반응이 많지 않았다.
④ 장기 이식 중 뼈를 이식하는 것은 아직 불가능하다.

50. **여자의 태도로 가장 알맞은 것을 고르십시오.**
① 장기 기증에 동참하기를 촉구하고 있다.
② 장기 이식 기술의 미래를 낙관하고 있다.
③ 장기 기증으로 생길 문제를 예측하고 있다.
④ 장기 이식 기술의 실패 원인을 진단하고 있다.

- 1교시 / 듣기시험이 끝났습니다. 다음은 쓰기 시험입니다.-

[51~52] **다음을 읽고 ㉠과 ㉡에 들어갈 말을 각각 한 문장으로 쓰시오.** (각 10점)

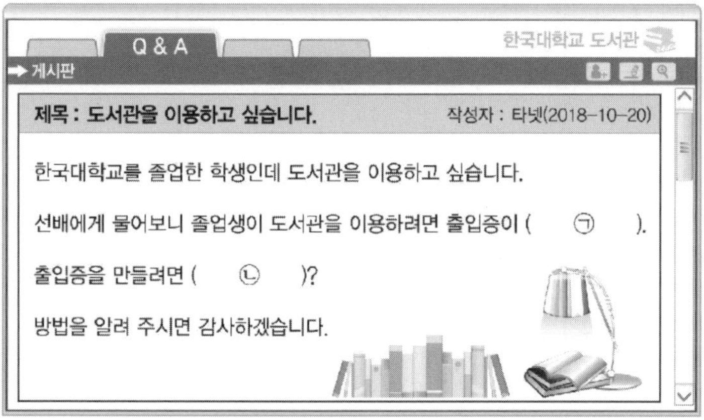
Q & A
한국대학교 도서관
게시판

제목 : 도서관을 이용하고 싶습니다. 작성자 : 타넷(2018-10-20)

한국대학교를 졸업한 학생인데 도서관을 이용하고 싶습니다.

선배에게 물어보니 졸업생이 도서관을 이용하려면 출입증이 (㉠).

출입증을 만들려면 (㉡)?

방법을 알려 주시면 감사하겠습니다.

52\.

사람들은 음악 치료를 할 때 환자에게 주로 밝은 분위기의 음악을 들려줄 것이라 생각한다. 그러나 환자에게 항상 밝은 분위기의 음악을 (㉠). 치료 초기에는 환자가 편안한 감정을 느끼는 것이 중요하다. 그래서 환자의 심리 상태와 비슷한 분위기의 음악을 들려준다. 그 이후에는 환자에게 다양한 분위기의 음악을 들려줌으로써 환자가 다양한 감정을 (㉡).

53. **다음을 참고하여 '인주시의 자전거 이용자 변화'에 대한 글을** 200~300**자로 쓰시오. 단, 글의 제목을 쓰지 마시오.** (30점)

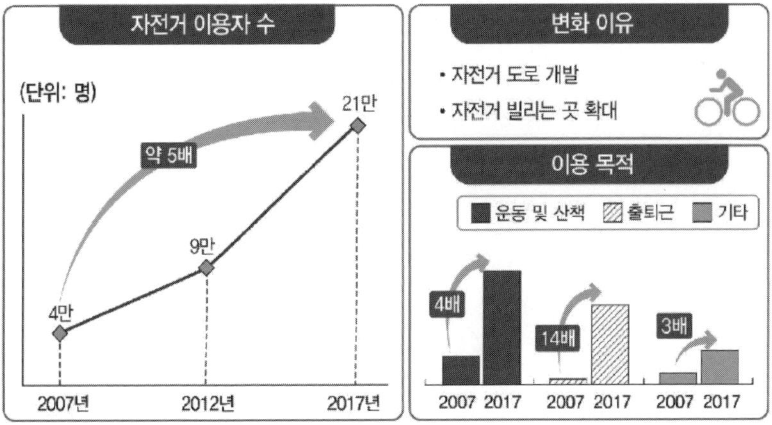

54. **다음을 주제로 하여 자신의 생각을** 600~700**자로 글을 쓰시오. 단, 문제를 그대로 옮겨 쓰지 마시오.** (50점)

요즘은 아이가 학교에 들어가기 전 어릴 때부터 악기나 외국어 등 여러 가지를 교육하는 경우가 많다. 이러한 조기 교육은 좋은 점도 있지만 문제점도 있다. 아래의 내용을 중심으로 '조기 교육의 장점과 문제점'에 대해 자신의 의견을 쓰라.

- 조기 교육의 장점은 무엇인가?
- 조기 교육의 문제점은 무엇인가?
- 조기 교육에 찬성하는가, 반대하는가? 근거를 들어 자신의 의견을 쓰라.

* 원고지 쓰기의 예

	사	람	들	은		음	악		지	료	를		할		때		환	자	에
게		주	로		밝	은		분	위	기	의		음	악	을		들	려	줄

제1교시 듣기, 쓰기 시험이 끝났습니다. 제2교시는 읽기 시험입니다.

TOPIK

Test of Proficiency In Korean

第60回 TOPIK II

読解問題

50問　70分

유 의 사 항
Information

6. 시험 시작 지시가 있을 때까지 문제를 풀지 마십시오.

Do not open the booklet until you are allowed to start.

2. 수험번호와 이름을 정확하게 적어 주십시오.

Write your name and registration number on the answer sheet

3. 답안지를 구기거나 훼손하지 마십시오

Do not fold the answer sheet: keep it clean.

4. 답안지의 이름, 수험번호 및 정답의 기입은 배부된 펜을 사용하여 주십시오.

Use the given pen only.

5. 정답은 답안지에 정확하게 표시하여 주십시오.

Mark your answer accurately and clearly on the answer sheet

marking example ① ● ③ ④

6. 문제를 읽을 때에는 소리가 나지 않도록 하십시오.

Keep quiet while answering the questions.

7. 질문이 있을 때에는 손을 들고 감독관이 올 때까지 기다려 주십시오.

When you have any questions, please raise your hand

[1~2] (　　　)에 들어갈 가장 알맞은 것을 고르십시오. (각 2점)

1. **휴대 전화를 (　　　) 내려야 할 역을 지나쳤다.**
① 보든지　　② 보다가
③ 보려면　　④ 보고서

2. **한국 친구 덕분에 한국 문화를 많이 (　　　).**
① 알게 되었다　　② 알도록 했다
③ 알아도 된다　　④ 알아야 한다

[3~4] 다음 밑줄 친 부분과 의미가 비슷한 것을 고르십시오. (각 2점)

3. **동생은 차를 <u>타기만 하면</u> 멀미를 한다.**
① 탈 만해서　　② 타는 탓에
③ 탈 때마다　　④ 타는 동안

4. **이 컴퓨터는 낡아서 <u>수리해 봐야</u> 오래 쓰기 어렵다.**
① 수리해 보니까　　② 수리하는 대로
③ 수리하는 바람에　　④ 수리한다고 해도

[5~8] **다음은 무엇에 대한 글인지 고르십시오.** (각 2점)

5.

몸에 좋은 영양소가 가득~
매일 아침 신선함을 마셔요!

① 과자　　② 안경　　③ 우유　　④ 신발

6.

큰 이불도 깨끗하게
세탁부터 건조까지 한 번에 해결!

① 우체국　　② 여행사　　③ 편의점　　④ 빨래방

7.

등산할 때 담배와 라이터는 두고 가세요.
작은 실천이 아름다운 산을 지킵니다.

① 건강 관리　　② 전기 절약　　③ 화재 예방　　④ 교통 안전

8.

- **검사 전날 밤 9시 이후에는 아무것도 드시면 안 됩니다.**
- **정확한 검사를 위해 음주를 피하십시오.**

① 상품 안내　　② 주의 사항　　③ 사용 순서　　④ 장소 문의

[9~12] **다음 글 또는 그래프의 내용과 같은 것을 고르십시오.** (각 2점)

9.

인주시 캠핑장 이용 안내

- 이용 기간: 3월 ~ 11월
- 이용 방법: 홈페이지(www.injucamp.com)에서 예약
  ※ 당일 예약 불가
- 이용 요금

기 준	평 일	주 말
1박 2일	30,000원	35,000원
	주차장, 샤워장 이용료 포함	

- 문　　의: 캠핑장 관리사무소 031) 234-1234

① 주말에는 이용 요금을 더 받는다.
② 캠핑장은 1년 내내 이용할 수 있다.
③ 예약은 이용 당일 홈페이지에서 하면 된다.
④ 주차장을 이용하려면 돈을 따로 내야 한다.

10.

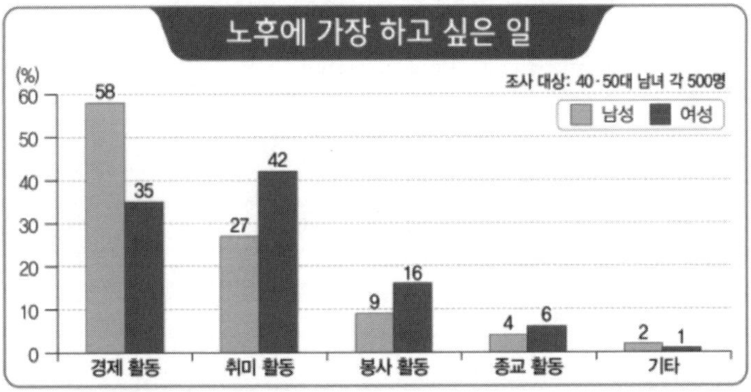

① 여성은 봉사 활동보다 취미 활동을 더 하고 싶어 한다.
② 종교 활동을 하고 싶어 하는 비율은 남성이 여성보다 높다.
③ 남녀 모두 경제 활동을 하고 싶다는 응답이 절반을 넘는다.
④ 경제 활동보다 봉사 활동을 하고 싶어 하는 남성들이 많다.

11.

인주시의 한 고등학교는 올해부터 여름 교복으로 티셔츠와 반바지를 입고 있다. 기존 정장형 교복은 활동할 때 불편하다는 학생들의 의견이 많았기 때문이다. 몸이 편해지니 학생들은 다양한 활동에 적극적으로 참여하기 시작했고 공부에도 더 집중할 수 있어서 학습 효율이 올라갔다. 새 교복은 기존 교복보다 가격이 저렴해서 학부모에게도 인기다.

① 학부모들은 정장형 교복을 더 좋아한다.
② 새 교복은 정장형 교복보다 가격이 비싸다.
③ 기존 교복에 비해 새 교복은 활동할 때 불편하다.
④ 학교는 학생들의 의견을 받아들여서 교복을 바꿨다.

12.

최근 한 아파트에서는 힘들게 일하는 택배 기사, 청소원 등을 위한 무료 카페를 열어서 화제가 되고 있다. 이 카페는 언제든 부담 없이 음료를 마시면서 쉴 수 있는 곳이어서 이용자들이 만족해하고 있다. 주민들은 처음에는 관심을 안 보였지만 지금은 카페에 음료와 간식을 제공하는 등 많은 도움을 주고 있다.

① 이 카페에 간식을 가져다주는 주민들이 생겼다.
② 카페를 열 때 아파트 주민들이 적극적으로 도왔다.
③ 이 카페는 아파트 주민들이 돈을 벌기 위해서 열었다.
④ 택배 기사들이 카페의 운영에 참여해 화제가 되고 있다.

[13~15] **다음을 순서대로 맞게 배열한 것을 고르십시오.** (각 2점)

13.
(가) 환경 보호를 위해 포장 없이 내용물만 판매하는 가게가 있다.
(나) 사람들이 용기에 든 물품을 사려면 빈 통을 준비해 가야 한다.
(다) 빈 통이 없는 사람들에게는 가게에서 통을 대여해 주기도 한다.
(라) 이 가게에서는 밀가루나 샴푸 등을 커다란 용기에 담아 놓고 판매한다.

① (가)-(나)-(라)-(다) ② (가)-(라)-(나)-(다)
③ (나)-(가)-(라)-(다) ④ (나)-(다)-(가)-(라)

14.
(가) 요금을 내려고 보니 가방 어디에서도 지갑을 찾을 수 없었다.
(나) 감사의 인사를 전하는 나에게 아주머니는 환하게 웃어 주셨다.
(다) 회사에 지각할 것 같아서 막 출발하려는 버스를 뛰어가서 탔다.
(라) 그냥 내리려는데 뒤에 서 있던 아주머니가 대신 요금을 내 주셨다.

① (가)-(다)-(나)-(라) ② (가)-(라)-(다)-(나)
③ (다)-(가)-(라)-(나) ④ (다)-(나)-(라)-(가)

15.
(가) 쉬어도 떨림이 계속된다면 마그네슘이 부족해서일 수도 있다.
(나) 눈 밑 떨림의 주된 원인은 피로이므로 푹 쉬면 증상은 완화된다.
(다) 이런 사람들은 마그네슘이 풍부한 견과류나 바나나를 먹으면 좋다.
(라) 누구나 한 번쯤은 눈 밑이 떨리는 경험을 해 본 적이 있을 것이다.

① (나)-(다)-(라)-(가) ② (나)-(라)-(다)-(가)
③ (라)-(가)-(다)-(나) ④ (라)-(나)-(가)-(다)

[16~18] **다음을 읽고 (　　　)에 들어갈 내용으로 가장 알맞은 것을 고르십시오.** (각 2점)

16.

원래 악수는 상대를 안심시키기 위한 행동이었다. 중세 시대의 기사들은 칼과 같은 무기를 가지고 다니다가 적과 싸울 때 꺼내 들었다. 하지만 (　　) 때에는 악수를 하면서 손에 무기가 없음을 보여 주었다. 이렇게 안전을 확인시켜 주기 위한 행동이 오늘날에는 반가움과 존중을 표시하는 인사법이 되었다.

① 싸울 생각이 없을　　② 상대의 도움을 받았을
③ 자신의 잘못을 사과할　　④ 무기를 새로 구해야 할

17.

특별한 사건 없이 주인공의 단순하고 반복적인 일상을 다룬 한 영화가 인기를 끌고 있다. 주인공이 하루하루를 평범하게 보낼 뿐 별다른 일을 하지 않는데도 관객들은 영화에 빠져든다. 관객들은 그동안 잊고 지냈던 일상의 기쁨을 새삼 깨닫는 것이다. 그리고 행복은 크고 거창한 꿈에만 있는 것이 아니라 (　　) 일에서도 찾을 수 있음을 발견한다.

① 스스로 인정하지 않는　　② 현실 속의 작고 소소한
③ 평소 자주 하지 못하는　　④ 일상에서 하기 쉽지 않은

18.

'씨앗 저장고'는 미래의 식량 문제를 대비하기 위해 식물 자원을 영구적으로 보호하는 시설이다. 이곳의 연구원들은 보관 중인 씨앗을 연구하는 일뿐만 아니라 (　　) 활동도 한다. 이들은 씨앗 하나를 구하기 위해 전국 곳곳을 찾아다닌다. 연구원들이 직접 가서 보지 않으면 보관할 가치가 있는 씨앗인지 알 수 없기 때문이다.

① 자원을 홍보하는　　② 사람을 교육하는
③ 씨앗을 수집하는　　④ 저장고를 관리하는

[19~20] 다음을 읽고 물음에 답하십시오. (각 2점)

> 시각 장애인의 안내견은 주인과 있을 때 행인에게 관심을 두지 않는다. (　　) 안내견이 주인을 남겨 두고 행인에게 다가간다면 이는 주인이 위험에 처해 있다는 뜻이다. 안내견은 주인에게 문제가 발생하면 곧장 주변 사람에게 달려가 도움을 요청하도록 훈련을 받기 때문이다. 안내견이 행인의 주위를 맴돌면 안내견을 따라가 주인의 상태를 확인하고 구조 센터에 연락해야 한다.

19. (　　　)**에 들어갈 알맞은 것을 고르십시오.**

① 비록　　② 물　　③ 만약　　④ 과연

20. **위 글의 내용과 같은 것을 고르십시오.**

① 안내견이 주인 곁을 떠나는 경우는 없다.
② 안내견은 문제가 생기면 구조 센터로 달려간다.
③ 안내견이 다가오는 것은 위급한 상황이 생겼다는 뜻이다.
④ 안내견은 항상 주변의 사람들에게 관심을 갖도록 훈련을 받는다.

[21~22] **다음을 읽고 물음에 답하십시오.** (각 2점)

문자 교육은 빠를수록 좋다고 믿는 부모들이 있다. 이들은 자신의 아이가 또래보다 글자를 더 빨리 깨치기를 바라며 문자 교육에 (   ). 그런데 나이가 어린 아이들은 아직 다양한 능력들이 완전히 발달하지 못해 온몸의 감각을 동원하여 정보를 얻는다. 이 시기에 글자를 읽는 것에 집중하다 보면 다른 감각을 사용할 기회가 줄어 능력이 고르게 발달하는 데 어려움이 있을 수 있다.

21. (   )**에 들어갈 알맞은 것을 고르십시오.**
   ① 손을 뗀다.
   ② 이를 간다.
   ③ 담을 쌓는다.
   ④ 열을 올린다.

22. **위 글의 중심 생각을 고르십시오.**
   ① 문자 교육을 하는 방법이 다양해져야 한다.
   ② 아이의 감각을 기르는 데 문자 교육이 필요하다.
   ③ 이른 문자 교육이 아이의 발달을 방해할 수 있다.
   ④ 아이들은 서로 비슷한 시기에 글자를 배우는 것이 좋다.

[23~24] **다음을 읽고 물음에 답하십시오.** (각 2점)

고향에 사는 아버지가 오랜만에 우리 집에 오셨다. 나는 남편과 함께 아버지와 이런 저런 이야기를 나누며 거실에 앉아 있었다. 그때 갑자기 남편이 아버지를 모시고 영화관에 가자고 했다. 그 말에 나는 "영화관은 무슨? 아버지는 어둡고 갑갑해서 영화관 가는 거 안 좋아하셔." 하고 내뱉었다. 그래도 아버지에게 슬쩍 "영화 보러 가실래요?" 하고 물었는데 손사래를 치실 것 같던 아버지는 그저 가만히 계셨다. 그 순간 나는 아버지의 마음을 읽을 수 있었다. 나는 왜 아버지가 영화관에 가는 것을 안 좋아하실 거라고 생각했을까. 지금껏 내 기준에서 판단한 일들이 얼마나 많을까 생각하니 마음이 무거워졌다. 영화관에 갈 준비를 하며 옷도 살피고 모자도 쓰고 벗기를 반복하시는 아버지의 얼굴에는 미소가 가득했다. 그런 아버지를 보며 나는 앞으로 아버지가 무엇을 좋아하시는지 관심을 가지기로 했다.

23. **밑줄 친 부분에 나타난 '나'의 심정으로 알맞은 것을 고르십시오.**
① 부담스럽다.
② 불만스럽다.
③ 짜증스럽다.
④ 죄송스럽다.

24. **위 글의 내용과 같은 것을 고르십시오.**
① 나는 아버지와 자주 영화를 보러 다녔다.
② 아버지는 내 질문에 아무 말도 하지 않았다.
③ 아버지는 영화를 보러 가기 위해 우리 집에 왔다.
④ 나는 아버지가 외출 준비하는 모습이 마음에 들지 않았다.

[25 ~ 27] **다음 신문 기사의 제목을 가장 잘 설명한 것을 고르십시오.** (각 2점)

25.

출산율 또 하락, 정부 대책 효과 없어

① 정부가 대책을 세워 노력했으나 출산율은 다시 떨어졌다.
② 정부는 출산율이 낮아지지 않도록 효과적인 정책을 마련하였다.
③ 정부의 정책 중 시급히 개선되어야 할 부분이 출산 관련 정책이다.
④ 출산과 관련한 정부의 지원이 축소되자 출산율이 급격히 낮아졌다.

26.

놀이공원, 수익에만 치중 이용객 안전은 뒷전

① 놀이공원의 이용객들은 놀이공원에 안전시설 점검을 요구했다.
② 놀이공원이 이용객의 안전을 중시하기 시작한 후 수익이 증가했다.
③ 놀이공원이 수익은 중요시하고 이용객의 안전은 중요시하지 않고 있다.
④ 놀이공원은 수익이 감소해 이용객의 안전에 더 이상 투자하기 어려워졌다.

27.

제2공장 정상 가동, 반도체 공급 안정은 미지수

① 제2공장이 정상적으로 가동됨에 따라 반도체 공급이 안정되었다.
② 제2공장이 반도체 생산을 시작했지만 공급이 안정될지는 불확실하다.
③ 반도체가 안정적으로 공급되기 위해서는 제2공장의 가동이 필수적이다.
④ 반도체 공급이 안정적으로 이루어지면서 제2공장도 정상 가동될 수 있었다.

[28 ~ 31] **다음을 읽고 ( )에 들어갈 내용으로 가장 알맞은 것을 고르십시오.** (각 2점)

28.

수업에 게임 방식을 도입하면 열의를 갖고 참여하는 학생들이 많아진다. 학생들은 흥미진진한 퀴즈를 풀며 용어와 개념을 익힌다. 퀴즈의 정답을 맞힌 학생에게는 즉각적으로 점수가 부여되는데 어려운 문제를 빨리 맞힐수록 획득하는 점수가 크다. 이러한 방법을 활용하면 학생들이 ( ) 수 있다.

① 교실 환경을 살필
② 수업에 보다 집중할
③ 게임에 흥미를 느낄
④ 친구들과 더 소통할

29.

"지구가 아파요!"라는 문구가 새겨진 티셔츠나 잘려 나간 나무가 그려진 가방 등을 구매하는 사람들이 증가하고 있다. 사람들은 그 상품이 ( ) 때문에 구매를 한다. 그들은 구매한 물건을 일상에서 사용함으로써 사회 문제에 대한 입장을 표현한다. 그리고 주변 사람들이 그 상품을 보고 거기에 담긴 메시지에 대해 관심을 갖도록 한다.

① 세련되게 디자인되었기
② 천연 소재로 만들어졌기
③ 본인의 체형을 보완해 주기
④ 자신의 가치관을 드러낼 수 있기

30.

깨어져도 파편이 튀지 않는 안전유리는 한 과학자가 실험실 선반에서 떨어진 유리병에 주목하면서 발명되었다. 산산조각 난 다른 유리병과 달리 금이 간 채 형태를 유지하고 있는 유리병이 있었다. 이 병은 안에 담긴 용액이 마르면서 유리 표면에 생긴 막이 유리 조각을 붙잡고 있었다. 이 점에 착안하여 (　　　) 안전유리를 제작하게 되었다.

① 파편 조각을 붙인
② 유리에 막을 입힌
③ 유리를 여러 장 겹친
④ 깨지지 않는 재료를 사용한

31.

보통 수학에서는 개념이 먼저 정립되고 기호가 등장한다. 그러나 수가 끝없이 커지는 상태를 가리키는 무한대의 경우에는 정반대이다. 무한대는 (　　　) 후에도 한동안 개념이 정립되지 못했다. 왜냐하면 당시의 학자들은 무한대를 인간의 능력으로는 파악할 수 없다고 여겼기 때문이다. 그래서 수학계에서 무한대를 정의하는 것은 오랫동안 시도되지 않았다.

① 기호가 만들어진
② 의미가 여러 번 바뀐
③ 학계에서 활발히 연구된
④ 반대되는 이론이 등장한

[32 ~ 34] **다음을 읽고 내용이 같은 것을 고르십시오.** (각 2점)

32.

> 하루살이는 하루밖에 못 살 정도로 수명이 짧다고 해서 붙은 이름이다. 그러나 하루살이 애벌레는 성충이 되기 위해 약 1년을 물속에 살고 성충이 되어서는 1~2주 정도 산다. 하루살이 애벌레는 물속에 가라앉은 나뭇잎 등을 먹고 살지만 성충이 되면 입이 퇴화한다. 이런 까닭에 성충은 애벌레 때 몸속에 저장해 둔 영양분을 소모할 뿐 따로 먹이를 섭취하지 못한다.

① 하루살이의 수명은 하루를 넘지 않는다.
② 하루살이는 성충이 되는 데에 1~2주 정도 걸린다.
③ 하루살이 성충은 애벌레 때 저장한 영양분으로 산다.
④ 하루살이의 입은 성충이 되면서 기능이 더욱 발달한다.

33.

> 눈물은 약 98%가 물로 이루어져 있다. 나머지 성분은 눈물을 흘리는 상황에 따라 달라진다. 먼지 같은 외부의 물리적 자극 때문에 흘리는 눈물에는 세균에 저항할 수 있는 단백질이 포함되어 있다. 슬플 때 흘리는 눈물에는 항균 물질뿐만 아니라 스트레스로 인해 체내에 쌓인 물질도 들어 있다. 그래서 슬플 때 울고 나면 신체에 해로운 물질이 몸 밖으로 나가 기분이 나아진 것 같은 느낌을 받는다.

① 눈물 속에 있는 단백질은 기분을 좋게 만든다.
② 슬퍼서 흘리는 눈물에는 항균 물질이 빠져 있다.
③ 슬플 때 흘리는 눈물 속에는 몸에 나쁜 물질이 포함되어 있다.
④ 물리적 자극으로 흘리는 눈물이 슬플 때의 눈물보다 성분이 더 다양하다.

34.

> 19세기 중반까지는 태양의 위치를 기준으로 시간을 정해서 지역마다 시간이 달랐다. 이는 철도 이용이 활발해지면서 문제가 되었다. 철도 회사는 본사가 있는 지역의 시간을 기준으로 열차를 운행했다. 그래서 승객은 다른 지역에서 온 열차를 탈 때마다 자기 지역의 시간과 열차 시간이 달라 불편을 겪었다. 이를 해결하고자 캐나다의 한 철도 기사가 지구의 경도를 기준으로 하는 표준시를 제안하였고 이것이 현재의 표준시가 되었다.

① 표준시 도입의 필요성은 철도 분야에서 제기되었다.
② 예전에는 철도 회사가 지역의 기준 시간을 결정했다.
③ 캐나다에서는 19세기 이전부터 표준시를 사용해 왔다.
④ 철도 승객들은 표준시의 적용으로 불편을 겪게 되었다.

[35~38] **다음 글의 주제로 가장 알맞은 것을 고르십시오.** (각 2점)

35.

> 초소형 카메라는 의료용 및 산업용으로 만들어져 각 현장에서 유용하게 사용되고 있다. 그러나 원래의 목적에 맞지 않게 타인의 신체를 몰래 촬영하는 용도로 악용되는 사례가 늘고 있다. 이러한 악용을 원천적으로 방지하기 위해서는 신상 정보를 등록해야만 카메라의 판매 및 유통이 가능하도록 법적 규제를 강화할 필요가 있다.

① 의료용 및 산업용 초소형 카메라의 사용처를 확대해야 한다.
② 초소형 카메라가 더 유용하게 사용될 수 있도록 개발해야 한다.
③ 초소형 카메라가 악용되는 것을 막기 위한 대책이 마련되어야 한다.
④ 원활한 판매 및 유통을 위해 초소형 카메라의 등록 과정을 간소화해야 한다.

36.

정보의 양이 폭발적으로 증가하면서 핵심만 집어낸 요약형 정보를 찾는 사람들이 늘고 있다. 필요한 지식을 쉽고 빠르게 얻을 수 있기 때문이다. 그러나 짧게 정돈된 지식만을 취하다 보면 사물을 오랫동안 관찰하고 분석하는 능력이 떨어지거나 정보를 비판적으로 처리할 수 있는 능력이 무뎌질 수 있다.

① 요약형 정보는 가장 효율적인 정보 습득 방식이다.
② 요약형 정보는 사람들의 사고력 저하를 초래할 수 있다.
③ 사람들이 습득해야 할 지식의 양이 크게 증가하고 있다.
④ 짧게 정돈된 지식 덕분에 정보 처리 시간을 줄일 수 있다.

37.

유명 드라마가 소설책으로 출간되는 일이 많아졌다. 소설이 인기를 끌면 그 후에 영상물로 제작되던 것과는 반대되는 현상이 생긴 것이다. 이러한 현상의 영향 탓인지 처음부터 영상물을 염두에 두고 글을 쓰는 소설가들이 늘고 있다. 그러나 이와 같이 영상물 중심으로 창작과 출판이 이루어진다면 순수 문학이 가진 고유한 특성들이 하나둘씩 사라질지도 모른다.

① 작가들의 창작열을 높이기 위한 보상 체계 마련이 시급하다.
② 출판물의 판매를 늘리기 위해 영상물을 활용한 홍보가 필요하다.
③ 영상물이 책으로 많이 출간되어야 출판 시장이 활성화될 수 있다.
④ 영상물이 갖는 영향력이 커지면 순수 문학이 위기를 맞을 수 있다.

38.

분자 요리는 과학을 응용해 기존 식재료가 갖는 물리적인 제약에서 벗어나 새로운 형태와 식감의 음식을 만드는 요리법이다. 노란 망고 주스와 하얀 우유로 계란 모양의 요리를 만드는 것이 한 예다. 분자 요리는 식재료 고유의 맛과 향은 유지한 채 기존에는 볼 수 없었던 요리를 선보일 수 있다는 점에서 새로운 요리 문화를 이끌 것으로 기대하고 있다. 독특한 음식에 대한 설렘과 즐거움을 제공한다는 점도 이러한 기대감을 키운다.

① 분자 요리가 과학의 연구 영역을 더 넓히고 있다.
② 독특한 음식에 대한 소비자들의 요구가 늘고 있다.
③ 식재료가 갖는 제약 탓에 요리법 개발이 정체되고 있다.
④ 새로운 요리 문화를 이끌 요리법으로 분자 요리가 주목받고 있다.

[39 ~ 41] **다음 글에서 <보기>의 문장이 들어가기에 가장 알맞은 곳을 고르십시오.** (각 2점)

39.

도시의 거리는 온통 상점으로 가득 차 있다. (㉠) 하지만 상점은 거리에 활력을 불어넣어 걷고 싶은 거리를 만드는 데 중요한 역할을 한다. (㉡) 상점은 단순히 물건을 파는 공간이 아니라 보행자들에게 볼거리와 잔재미를 끊임없이 제공하는 거대한 미술관이 되어 준다. (㉢) 또 밤거리를 밝히는 가로등이며 보안등이자 거리의 청결함과 쾌적함을 지켜 주는 파수꾼이 되기도 한다. (㉣)

〈보 기〉

상업적 공간으로 채워진 거리를 보며 눈살을 찌푸리는 이들도 많다.

① ㉠ ② ㉡ ③ ㉢ ④ ㉣

40. 「박철수의 거주 박물지」는 건축학자가 서울을 중심으로 한 거주 문화사를 소개한 책이다. (㉠) 아파트가 어떻게 중산층의 표준 욕망이 됐는가, 장독이 왜 아파트에서 사라졌는가와 같은 물음들을 도면과 신문 기사를 곁들여 풀어내는 식이다. (㉡) 그 과정에서 이웃과 정을 나누는 일 없이 각박하게 살아온 지난 수십 년의 세태를 지적하는 것도 놓치지 않고 있다. (㉢) 이웃과 정답게 살아가는 모습을 그려내고자 하는 미래의 건축학도에게 추천하고 싶다. (㉣)

〈보 기〉

무엇보다 독자들이 더 흥미롭게 읽을 수 있도록 문답의 형식으로 구성된 것이 돋보인다.

① ㉠　　② ㉡　　③ ㉢　　④ ㉣

41. 최초의 동전은 값비싼 금과 은으로 제작되었다. (㉠) 이 동전의 가치가 매우 높았던 까닭에 주화를 조금씩 깎아 내서 이득을 보려는 사람들이 많았다. (㉡) 자연히 시장에서는 성한 금화나 은화를 찾아볼 수 없었고 주화를 발행하는 국가도 손실이 컸다. (㉢) 그래서 그 대안으로 주화들의 테두리에 톱니 모양을 새겨 훼손 여부가 잘 드러나도록 하였다. (㉣) 톱니 모양이 훼손된 주화는 육안으로 쉽게 구별할 수 있었고 그러한 돈은 사람들이 받지 않았기 때문이다.

〈보 기〉

그 효과는 기대 이상으로 빠르게 나타났다.

① ㉠　　② ㉡　　③ ㉢　　④ ㉣

[42 ~ 43] **다음을 읽고 물음에 답하십시오.** (각 2점)

42.

어머니와 아버지가 프랜차이즈 빵집을 연다고 했을 때, 주영은 언젠가는 두 사람이 자기를 가게로 부를 것임을 알았다. 그러나 여름에 있을 지방직 9급 시험일까지는 기다려 줄 줄 알았다. (중략)

실제로 벌어진 일은 그런 예상과는 전혀 달랐다. 부모님이 주영에게 빵집으로 나와 일하라는 말을 한 것은 가게 문을 정식으로 연 당일 오후였다. 어머니는 주영에게 전화를 걸어 이렇게 말했다.

<u>네가 우리 가족 맞냐</u>?

그러고는 바로 전화를 끊어 버렸다. (중략)

매장은 사람들로 북적였다. 개장 기념으로 식빵을 반값에 팔고, 어떤 제품을 사든지 아메리카노를 한 잔 무료로 제공하는 행사를 벌이는 중이었다. 프랜차이즈 본사에서 나온 지원 인력들이 손님을 맞고 질문에 답변하고 카드를 받고 계산을 했다. 아버지와 어머니는 하인들처럼 겁먹은 눈으로 예, 예, 굽실거리며 지원 인력들의 지시에 따랐다.

주영의 아버지와 어머니는 카드 결제조차 제대로 하지 못했다. 빵에는 바코드가 없었다. 제품이 어느 카테고리에 속하는지, 이름이 뭔지를 전부 외워야 단말기에 가격을 입력할 수 있었다. 아버지는 단말기 옆에서 빵을 봉투에 담으며 로프, 캉파뉴, 치아바타, 푸가스 같은 낯선 이름들을 외우려 애썼다.

42. **밑줄 친 부분에 나타난 '어머니'의 심정으로 알맞은 것을 고르십시오.**

① 억울하다.　　② 서운하다.
③ 걱정스럽다.　　④ 혼란스럽다.

43. **이 글의 내용과 같은 것을 고르십시오.**

① 빵 가게는 개업식 날 손님이 많지 않았다.
② 주영은 시험을 마치자마자 부모님께 연락을 받았다.
③ 아버지는 여러 종류의 빵 이름을 모두 알고 있었다.
④ 부모님은 긴장한 채로 본사 직원이 시키는 일을 했다.

[44 ~ 45] **다음을 읽고 물음에 답하십시오.** (각 2점)

원고 마감이 임박하거나 시험공부 시간이 부족하면 사람은 본능적으로 놀라운 집중력을 발휘한다. 그래서 시간 부족 상태가 되어야만 일을 효율적으로 할 수 있다고 믿는 사람들이 많다. 그러나 효율성만 믿고 (　　　) 것은 어리석은 일이다. 시간에 쫓기면 사람들은 한 가지에만 집중할 뿐 그 외에 다른 것에는 주의를 기울이지 못하게 되기 때문이다. 이런 상황은 실제로 상당히 위험할 수 있다. 단적인 예로 소방관들은 구조 현장으로 이동하는 과정에서 안전벨트를 매지 않아 사고를 당하는 경우가 매우 많다. 일 초가 급한 상황에서 인명 구조에만 집중한 나머지 차 문을 닫거나 안전벨트를 채우는 기본적인 일을 잊어서 생긴 결과이다. 이처럼 시간적 여유가 부족해지면 집중했던 일은 성공적으로 처리할 수 있겠지만 나머지 많은 것들은 놓칠 수 있다.

44. **이 글의 주제로 알맞은 것을 고르십시오.**

① 인간의 집중력은 시간적인 제약이 많을수록 높아진다.
② 인간에게 시간 부족은 효율적인 일 처리의 원동력이 된다.
③ 단시간 내에 일을 처리해도 성공적으로 일을 마칠 수 있다.
④ 시간 부족은 인간의 시야를 좁혀 부정적인 영향을 미칠 수 있다.

45. (　　　)**에 들어갈 내용으로 가장 알맞은 것을 고르십시오.**

① 성급히 일을 처리하는
② 무턱대고 일을 미루는
③ 관심사를 무한히 늘리는
④ 전적으로 하나에만 매달리는

[46 ~ 47] **다음을 읽고 물음에 답하십시오.** (각 2점)

우주는 지구와 환경이 상이해 지구에서 쓰는 방법으로는 쓰레기를 수거하기가 어렵다. 처음에는 작살과 같이 물리적인 힘을 이용해서 쓰레기를 찍을 수 있는 도구가 거론되었다. (㉠) 이 때문에 테이프나 빨판같이 접착력이 있는 도구를 사용하자는 제안도 나왔다. (㉡) 점성이 강한 테이프의 경우는 우주에서의 극심한 온도 변화를 견디지 못했으며 빨판은 진공 상태에서는 소용이 없었다. (㉢) 그런데 최근 한 연구진이 도마뱀이 벽에 쉽게 달라붙어 떨어지지 않는 것에서 영감을 받아 접착력이 있는 도구를 개발하는 데 성공했다. (㉣) 도마뱀의 발바닥에 있는 수백만 개의 미세한 털들이 표면에 접촉할 때 생기는 힘을 응용한 것이다.

46. **위 글에서 <보기>의 글이 들어가기에 가장 알맞은 것을 고르십시오.**

〈보 기〉

그러나 이 방법은 자칫하면 우주 쓰레기를 엉뚱한 곳으로 밀어낼 위험이 있었다.

① ㉠　② ㉡　③ ㉢　④ ㉣

47. **위 글의 내용과 같은 것을 고르십시오.**

① 테이프는 우주의 온도 변화 때문에 점성을 잃었다.
② 작살은 접착력을 이용한 도구의 좋은 대안이 되었다.
③ 우주에서 쓰레기를 처리하는 방법은 지구와 유사하다.
④ 접착력을 이용한 쓰레기 수거 방법은 결국 성공하지 못했다.

[48 ~ 50] **다음을 읽고 물음에 답하십시오.** (각 2점)

4차 산업은 그 분야가 다양하지만 연구 개발이 핵심 원동력이라는 점에서 공통점을 갖고 있다. 이러한 점을 고려하여 정부는 신성장 산업에 대한 세제 지원을 확대하기로 했다. 미래형 자동차, 바이오 산업 등 신성장 기술에 해당하는 연구를 할 경우 세금을 대폭 낮춰 준다는 점에서 고무적인 일이다. 하지만 현재의 지원 조건이라면 몇몇 대기업에만 유리한 지원이 될 수 있다. 해당 기술을 전담으로 담당하는 연구 부서를 두어야 하고 원천 기술이 국내에 있는 경우에만 지원이 가능하기 때문이다. 혜택이 큰 만큼 (   ) 정부의 입장을 이해하지 못하는 것은 아니다. 그러나 이번 정책의 목적이 단지 연구 개발 지원에 있는 것이 아니라 연구 개발을 유도하고 독려하고자 하는 것이라면 해당 조건을 완화하거나 단계적으로 적용할 필요가 있다.

48. **위 글을 쓴 목적으로 알맞은 것을 고르십시오.**

① 투자 정책이 야기할 혼란을 경고하려고
② 세제 지원 조건의 문제점을 지적하려고
③ 연구 개발에 적절한 분야를 소개하려고
④ 신성장 산업 연구의 중요성을 강조하려고

49. (   )**에 들어갈 내용으로 알맞은 것을 고르십시오.**

① 일정한 제약을 두려는
② 연구 기관을 늘리려는
③ 투자 대상을 확대하려는
④ 지원을 단계적으로 하려는

50. **밑줄 친 부분에 나타난 필자의 태도로 알맞은 것을 고르십시오.**

① 기술 발전이 산업 구조 변화에 미칠 영향을 인정하고 있다.
② 세제 지원의 변화가 투자 감소로 이어질 것을 우려하고 있다.
③ 세금 정책이 연구 개발에 미치는 부정적 영향을 비판하고 있다.
④ 신성장 기술에 대한 세제 지원 정책을 긍정적으로 평가하고 있다.

TOPIK Ⅱ 제60회 시험이 모두 끝났습니다.

TOPIK

Test of Proficiency In Korean

解答
（模範解答）

회차 : 제47회 | 시험 수준 : TOPIK Ⅱ

TOPIK 試験問題解答表 (1時間目 듣기: 1번~50번)

質問番号	正解	質問番号	正解	質問番号	正解
1	②	18	④	35	③
2	①	19	②	36	①
3	②	20	①	37	③
4	③	21	②	38	④
5	②	22	③	39	④
6	③	23	④	40	①
7	①	24	③	41	②
8	④	25	④	42	①
9	①	26	②	43	①
10	④	27	③	44	④
11	①	28	④	45	①
12	②	29	①	46	④
13	②	30	③	47	②
14	③	31	④	48	②
15	③	32	③	49	③
16	④	33	②	50	②
17	③	34	①	-	–

회차 : 제 47회 | 시험 수준 : TOPIK Ⅱ

TOPIK 試験問題解答表 (1時間目 쓰기: 51번~54번)

質問 番号	模範答案 / 採点基準
51	㉠ 카메라를 주문했습니다./ 카메라를 구입했습니다./ 카메라를 샀습니다. ㉡ 카메라를 받아 주실 수 있습니까?
52	㉠ 손을 씻어야 한다. ㉡ 비누를 사용하라고 한다./ 비누로 씻으라고 한다
[채점 기준]	- 내용이 맥락에 맞게 적절한가? - 문장 단위의 표현이 가능한가?

53. 模範解答

	최	근		국	내	에	서		유	학	하	는		외
국	인	이		급	증	했	다	.	20	00	년	에		4
천	명	이	던		유	학	생	이		가	파	른		상
승	세	를		보	이	다		잠	시		주	춤	하	더
니		다	시		증	가	세	를		보	이	며		20
16	년	에		이	르	러		10	만		명	이		되
었	다	.	이	러	한		증	가	의		원	인	으	로
우	선		외	국	인	들	의		한	국	과		한	국
어	에		대	한		관	심	이		증	가	한		것
을		들		수		있	다	.	한	국		대	학	에
서		유	학	생	을		유	치	하	려	는		노	력
도		유	학	생	의		증	가	에		큰		영	향
을		미	친		것	으	로		보	인	다	.	이	러
한		영	향	이		계	속		이	어	진	다	면	.
20	23	년	에	는		외	국	인		유	학	생	이	
20	만		명	에		이	를		것	으	로		기	대
된	다	.												

54. 模範解答

우리는 칭찬을 들으면 일을 더 잘하고 싶어질 뿐만 아니라 좀 더 나은 사람이 되고 싶은 미음이 든다. 그리고 자신감이 생겨 공부나 일의 성과에도 긍정적인 영향을 미친다. 그래서 자신이 가진 능력 이상을 발휘하고 싶어지는 도전 정신이 생기기도 하는 것이다. 한마디로 말해 칭찬은 사람을 한 단계 더 발전시키는 힘을 가지고 있다.

그런데 이러한 칭찬이 독이 되는 경우가 있다. 바로 칭찬이 상대에게 기쁨을 주는 것이 아니라 부담을 안겨 주는 경우이다. 칭찬을 들으면 그 기대에 부응해야 한다는 압박감 때문에 자신의 실력을 제대로 발휘하지 못하게 되는 일이 생기게 된다. 칭찬의 또 다른 부정적인 면은 칭찬 받고 싶다는 생각에 결과만을 중시하게 되는 점이다. 일반적으로 칭찬이 일의 과정보다 결과에 중점을 두고 행해지는 경우가 많기 때문이다.

그래서 우리가 상대를 칭찬할 때에는 그 사람이 해낸 일의 결과가 아닌, 그 일을 해내기까지의 과정과 노력에 초점을 맞추는 것이 중요하다. 그래야 칭찬을 듣는 사람도 일 그 자체를 즐길 수 있다. 또한 칭찬을 듣고 잘 해내야 한다는 부담에서도 벗어날 수 있을 것이다. 우리는 보통 칭찬을 많이 해 주는 것이 중요하다고 생각하는데 칭찬은 그 방법 역시 중요하다는 것을 잊지 말아야 할 것이다.

[채점 기준]	– 내용이 주제와 관련되어 풍부하고 다양한가? – 제시된 정보를 적절하게 사용하였는가? – 글의 구성이 논리적이며 조직적인가? – 어휘와 문법을 적절하고 다양하게 사용하였는가?

회차 : 제47회 | 시험 수준 : TOPIK Ⅱ

TOPIK 試験問題解答表 (2時間目 읽기: 1번~50번)

質問 番号	正解	質問 番号	正解
1	③	26	①
2	④	27	④
3	①	28	③
4	③	29	①
5	①	30	②
6	②	31	①
7	④	32	④
8	②	33	④
9	②	34	③
10	③	35	①
11	④	36	④
12	①	37	③
13	①	38	②
14	②	39	③
15	③	40	③
16	②	41	②
17	③	42	①
18	④	43	②
19	②	44	①
20	④	45	③
21	①	46	③
22	②	47	②
23	④	48	④
24	③	49	④
25	④	50	①

회차 : 제 52회 | 시험 수준 : TOPIK Ⅱ

TOPIK 試験問題解答表 (1時間目 듣기: 1번~50번)

質問番号	正解	質問番号	正解	質問番号	正解
1	②	18	④	35	③
2	①	19	④	36	④
3	②	20	③	37	④
4	②	21	①	38	②
5	④	22	④	39	①
6	④	23	③	40	①
7	①	24	③	41	③
8	②	25	②	42	②
9	③	26	①	43	①
10	①	27	②	44	③
11	②	28	③	45	①
12	③	29	④	46	④
13	④	30	④	47	②
14	④	31	③	48	①
15	③	32	①	49	④
16	③	33	①	50	③
17	②	34	②	-	–

회차 : 제52회 | 시험 수준 : TOPIK Ⅱ

TOPIK 試験問題解答表 (1時間目 쓰기: 51번~54번)

質問 番号	模範答案 / 採点基準
51	㉠ 빌려 줘서/주셔서 ㉡ 돌려주면/ 돌려드리면 됩니까?/ 되겠습니까?
52	㉠ 감정이 표정에 영향을 주기 때문이다. ㉡ 밝은 표정을 짓는/하는, 표정을 밝게 짓는/하는
[채점 기준]	- 내용이 맥락에 맞게 적절한가? - 문장 단위의 표현이 정확하고 격식에 맞는가?

53. 模範解答

	결	혼	문	화	연	구	소	에	서		20	대		이
상		성	인		남	녀		30	00	명	을		대	상
으	로		‘	아	이	를		꼭		낳	아	야		하
는	가	’	에		대	해		조	사	하	였	다	.	그
결	과		‘	그	렇	다	’	라	고		응	답	한	
남	자	는		80	%	,	여	자	는		67	%	였	고
‘	아	니	다	’	라	고		응	답	한		남	자	는
20	%	,	여	자	는		33	%	였	다	.	이	들	이
‘	아	니	다	’	라	고		응	답	한		이	유	에
대	해		남	자	는		양	육	비	가		부	담	스
러	워	서	,	여	자	는		자	유	로	운		생	활
을		원	해	서	라	고		응	답	한		경	우	가
가	장		많	았	다	.	이	어		남	자	는		자
유	로	운		생	활	을		원	해	서	,	여	자	는
직	장		생	활	을		유	지	하	고		싶	어	서
라	고		응	답	하	였	다	.						

54. 模範解答

어떤 일을 다른 사람들과 함께 계획하고 추진하기 위해서는 그 사람들과의 원활한 인간관계가 필요하다. 다만 인간관계를 원활하게 하는 데에는 많은 대화가 요구되며, 이 과정에서 의사소통 능력이 중요한 역할을 한다. 일반적으로 의사소통은 타인과의 소통의 시작이어서 의사소통이 제대로 이루어지지 않는 경우 오해가 생기고 불신이 생기며 경우에 따라서는 분쟁으로까지 이어질 수 있게 된다.

그런데 이러한 의사소통이 항상 원활히 이루어지는 것은 아니다. 사람들은 서로 다른 생활환경과 경험을 가지고 있고, 이는 사고방식의 차이로 이어지게 된다. 이러한 차이들이 의사소통을 어렵게 함과 동시에 새로운 갈등을 야기하기도 한다.

따라서 원활한 의사소통을 위한 적극적인 노력이 필요하다. 우선 상대를 배려하는 입장에서 말을 하는 자세가 필요하다. 나의 말이 상대를 불편하게 만드는 것은 아닌지 항상 생각하며 이야기하여야 한다. 다음으로 다른 사람의 말을 잘 듣는 자세가 필요하다. 마음을 열고 다른 사람의 이야기를 듣는 것은 상대를 이해하는 데 꼭 필요하기 때문

解答

이다. 마지막으로 서로의 입장에서 현상을 바라보는 자세가 필요하다. 이는 서로가 가질 수 있는 편견과 오해를 해결할 수 있는 역할을 하기 때문이다.

[채점 기준]	- 내용이 주제와 관련되어 풍부하고 다양한가? - 제시된 정보를 적절하게 사용하였는가? - 글의 구성이 논리적이며 조직적인가? - 어휘와 문법을 적절하고 다양하게 사용하였는가?

회차 : 제 52회 | 시험 수준 : TOPIK Ⅱ

TOPIK 試験問題解答表 (2時間目 읽기: 1번~50번)

質問 番号	正解	質問 番号	正解
1	②	26	③
2	①	27	④
3	④	28	③
4	①	29	②
5	②	30	③
6	②	31	④
7	①	32	①
8	②	33	③
9	①	34	④
10	③	35	④
11	①	36	②
12	②	37	③
13	①	38	①
14	②	39	④
15	③	40	④
16	②	41	③
17	②	42	③
18	③	43	①
19	②	44	③
20	①	45	④
21	④	46	①
22	④	47	④
23	③	48	④
24	②	49	③
25	①	50	④

회차 : 제60회 | 시험 수준 : TOPIK Ⅱ

TOPIK 試験問題解答表 (1時間目 듣기: 1번~50번)

質問番号	正解	質問番号	正解	質問番号	正解
1	①	18	①	35	③
2	③	19	④	36	④
3	④	20	②	37	①
4	④	21	②	38	④
5	③	22	③	39	①
6	③	23	①	40	②
7	④	24	④	41	①
8	④	25	③	42	①
9	②	26	③	43	②
10	②	27	①	44	③
11	①	28	①	45	③
12	②	29	③	46	④
13	②	30	②	47	②
14	③	31	④	48	④
15	①	32	①	49	①
16	④	33	③	50	②
17	②	34	④	-	–

회차 : 제60회 | 시험 수준 : TOPIK Ⅱ

TOPIK 試験問題解答表 (1時間目 쓰기: 51번~54번)

質問 番号	模範答案 / 採点基準
51	㉠ 필요하다고 합니다/있어야 한다고 합니다. ㉡ 어떻게 해야 합니까/ 어떻게 해야 됩니까?
	[채점 기준] ㉠ -내용 요소(3점): '출입증이'와 호응하는 '필요하다/있어야 하다' 등의 의미를 나타내는 어휘 사용 -형식 요소(2점): '선배에게 물어보니'와 호응하는 간접화법 '-다고 하다/듣다' 표현 사용 -격식체 ㉡ - 내용 요소(2점): '어떻게 하다' 의 의미를 나타내는 어휘 사용 ('무엇을 하다/어디로 가다'와 같은 의미도 정답으로 처리) -형식 요소(3점): '만들려면'과 호응하는 '-아/어/여야 하다' 표현 사용 -격식체
52 [채점 기준]	㉠ 들려주는 것은 아니다/••사용하는 것은 아니다.•• ㉡ 느끼도록 한다/느끼게 한다.
	[채점 기준] ㉠ – 내용 요소(2점): '환자에게' 및 '음악을'과 호응하는 들려주다/틀어주다/사용하다' 의 의미를 나타내는 어휘 사용 – 형식 요소(3점): '항상'과 호응하는 '–는 것은 아니다' 표현 사용 ('–지 않다'는 '항상' 때문에 문장의 의미가 완전 부정으로 바뀌게 되므로 수행에서 제외할 것) ㉡ -내용 요소(3점): '감정을'과 호응하는 '느끼다' 의 의미를 가진 어휘 사용 -형식 요소(2점): '음악을 들려줌으로써 환자가 다양한 감정을'과 호응하는 '-게 하다/-도록 하다' 표현 사용

53. 模範解答

	인	주	시	의		자	전	거		이	용	자		변
화	를		살	펴	보	면	,	자	전	거		이	용	자
수	는		20	07	년		4	만		명	에	서		20
12	년	에	는		9	만		명	,	20	17	년	에	는
21	만		명	으	로	,	지	난		10	년	간		약
5	배		증	가	하	였	다	.	특	히		20	12	년
부	터		20	17	년	까	지		자	전	거		이	용
자		수	가		급	증	한		것	으	로		나	타
났	다	.	이	와		같	이		자	전	거		이	용
자		수	가		증	가	한		이	유	는		자	전
거		도	로	가		개	발	되	고		자	전	거	
빌	리	는		곳	이		확	대	되	었	기		때	문
인		것	으	로		보	인	다	.	자	전	거		이
용		목	적	을		보	면	,	10	년	간		운	동
및		산	책	은		4	배	,	출	퇴	근	은		14
배	,	기	타	는		3	배		늘	어	난		것	으
로		나	타	났	으	며	,	출	퇴	근		시		이
용	이		가	장		높	은		증	가	율	을		보
였	다	.												

質問 番号	採点基準
53	**과제 [1]**: 자전거 이용자 수 그래프 읽기 1) 그래프에 표시된 모든 정보 제시 - 연도별 이용자 수 및 증가폭 2) 자전거 이용자 수의 변화 읽기 _ '2fJJ7년에서 aIl2년까지의 자전거 이용자 수의 변화 :증가하다/많아지다/늘어나다. (2012년에서 2017년까지의 자전거 이용자 수의 변화 : 급격하게 증가하다) **과제 [2]**: 자전거 이용자 수의 변화 이유 밝히가 1) 자전거 도로 개발 2) 자전거 빌리는 곳 확대 **과제 [3]**: 이용 목적 그래프 읽기 1) 그래프에 표시된 모든 정보 제시 - 이용 목적, 증가폭 2) 이용 목적별 변화 읽기 - 이유 목적별 증가폭 비교(10년간 출퇴근 시 이유 목적이 큰 폭0 로 증가함)

54. 模範解答

요즘은 학교에 들어가지 않은 아이들에게 다양한 교육을 실시하는 경우가 많다. 어릴 때부터 이루어지는 조기 교육은 좋은 점도 있지만 문제점도 있다.

먼저 조기 교육의 가장 큰 장점은 아이의 재능을 일찍 발견하고 아이가 가진 잠재력을 극대화할 수 있다는 점이다. 예를 들어 예체능계의 유명인 중에는 어릴 때부터 체계적인 교육을 받은 경우가 많다. 또 다른 조기 교육의 장점은 아이의 학업 경쟁력을 높일 수 있다는 점이다. 이 외에도 조기 교육에서의 다양한 경험은 아이의 세계관을 넓히는 데 도움이 된다.

그러나 조기 교육은 부모의 강요에 의해 이루어질 수 있다는 문제점이 있다. 이로 인해 아이는 스트레스를 받거나, 억압적인 학습 경험의 반발로 학업에 흥미를 느끼지 못할 수 있다. 또한 조기 교육이 과도하게 이루어질 경우, 아이들의 정서 발달에 부정적인 영향을 미칠 수 있다.

조기 교육의 장점에도 불구하고 위의 문제점을 고려하였을 때 조기 교육을 실시하는 것이 적절하지 않다고 생각한다. 진정한 교육이란 학습자의 자발성과 내적 동기를 전제로 이루어진다고 생각하기 때문이다. 아이는 발달 중에 있고 경험이 적기 때문에 자신이 무엇을 배우고 싶은지 명확히 인지하지 못할 가능성이 크다. 이는 아이의 동기보다 보호자의 바람이 조기 교육에 더 큰 영향을 미치게 되는 이유이기도 하다. 이러한 이유로 조기 교육을 실시하는 것에 반대한다.

質問 番号	採点基準
54	**과제 [1]**: 조기 교육의 장점 - 재능을 일찍 발견함으로써 잠재력을 극대화할 수 있음 - 조가 교육을 통해 학업 경쟁력을 높일 수 있음 - 조가 교육에서의 다양한 경험을 통해 아이의 세계관을 넓힐 수 있음. **과제 [2]**: 조기 교육의 문제점 - 부모의 강요에 의해 이루어질 수 있음 - 과도한 부담감 및 스트레스로 인하여 학업에 흥미를 느끼지 못할 수 있음 - 지나친 조가 교육은 아이의 정서 발달에 좋지 않음 **과제 [3]**: 조기 교육에 대한 나의 생각 - 교육의 진정한 의미는 자발성과 내적 동기에 있음 - 어릴 때는 자신이 원하는 것을 인식하지 못할 가능성이 큼 - 조기 교육의 특성상 아이의 자발성보다는 보호자의 뜻이 더 중요하게 작용할 수 밖에 없으므로 조기 교육은 진정한 교육이 아니라고 생각함. (장단점에 기술된 내용을 과제[3]에서 반복할 경우 수행에서 제외할 것)

회차 : 제60회 | 시험 수준 : TOPIK Ⅱ

TOPIK 試験問題解答表 (2時間目 읽기: 1번~50번)

質問 番号	正解	質問 番号	正解
1	②	26	③
2	①	27	②
3	③	28	②
4	④	29	④
5	③	30	②
6	④	31	①
7	③	32	③
8	②	33	③
9	①	34	①
10	①	35	③
11	④	36	②
12	①	37	④
13	②	38	④
14	③	39	①
15	④	40	①
16	①	41	④
17	②	42	②
18	③	43	④
19	③	44	④
20	③	45	②
21	④	46	①
22	③	47	①
23	④	48	②
24	②	49	①
25	①	50	④

TOPIK

Test of Proficiency In Korean

聞き取り問題

音声台本

1 ~ 50번 문항

[1 ~ 3] **다음을 듣고 알맞은 그림을 고르십시오.** (각 2점)

1.

남자: 어서 오십시오. 무엇을 도와드릴까요?
여자: 저, 신입 사원 지원 서류를 내러 왔는데요.
남자: 3층으로 가시면 됩니다. 저쪽 엘리베이터를 이용하세요.

2.

남자: 넌 뭐 마실래? 커피?
여자: 응. 난 따뜻한 커피 한 잔 마실래.
남자: 그럼 먼저 가서 자리 잡고 앉아 있어. 내가 가지고 갈게.

3.

남자: 출판 시장의 소비층이 변하고 있습니다. 지난 10년간 연령별 도서 구매율에 따르면 가장 많은 비중을 차지했던 20대의 구매율은 감소하고 40대의 경우는 높아진 것으로 나타났습니다. 분야별로는 '문학'이 가장 많았으며 '자기 계발', '유아'가 그 뒤를 이었습니다.

[4 ~ 8] **다음 대화를 잘 듣고 이어질 수 있는 말을 고르십시오.** (각 2점)

4.

남자: 점심시간인데 식사하러 갑시다.
여자: 벌써 시간이 그렇게 됐어요? 그러고 보니 배가 고프네요.
남자: ____________________

5.

여자: 민수 씨, 이번 체육 대회에 농구 선수로 나간다면서요?
남자: 네, 그런데 연습을 많이 못 해서 잘할 수 있을지 모르겠어요.
여자: ____________________

6.

남자: 지영 씨, 혹시 친구 중에 아르바이트할 만한 사람이 있을까요?
여자: 글쎄요. 잘 모르겠는데 친구들한테 한번 물어볼까요?
남자: ____________________

7.

여자: 지금 사무실이 많이 더운 것 같지 않아요? 에어컨 좀 켤까요?
남자: 에어컨은 켰어요. 제가 환기하려고 좀 전에 창문을 열어 놔서 그런가 봐요.
여자: ____________________

8.

여자: 김 선생님, 이번 회의 참석자 명단 좀 주시겠어요? 자리 배치표를 만들어야 해서요.
남자: 아, 네. 그런데 아직 참석 인원이 확실하지 않은데요.
여자: ____________________

[9 ~ 12] **다음 대화를 잘 듣고 <u>여자</u>가 이어서 할 행동으로 알맞은 것을 고르십시오.** (각 2점)

9.

여자: 컴퓨터가 안 되네. 오늘까지 장학금을 신청해야 하는데.
남자: 뭐라고? 장학금 신청이 오늘까지였어? 정확한거야?
여자: 학교 홈페이지에서 그렇게 봤어. 내가 사무실에 전화해 볼까?
남자: 그래, 해 봐. 컴퓨터는 내가 확인해 볼게.

10.

여자: 잠깐 약국 좀 다녀올게요. 두통약 좀 먹어야겠어요.
남자: 몸이 안 좋으면 빨리 집에 가서 쉬세요. 나머지 전시회 상품은 제가 정리할 테니까요.
여자: 아니에요. 아직 설명 자료도 못 만들었는데요.
남자: 네, 그럼 다녀오세요. 이건 제가 정리하고 있을게요.

11.

여자: 준기야, 자전거 어디에 뒀니?
남자: 베란다에 있는데…. 누나, 자전거 타려고? 꺼내 줄까?
여자: 아니. 내가 꺼낼게. 너도 같이 안 나갈래? 날씨도 좋은데 공원에서 같이 운동하자.
남자: 그래. 그럼 옷 좀 갈아입고 나올게.

12.

남자: 손님, 모두 12만 원입니다.
여자: 여기 이 카드로 계산해 주세요. 그런데 집까지 배달도 해 주시나요?
남자: 물론이죠. 여기 영수증 있습니다. 이거 가지고 안내 센터에 가서 신청하면 됩니다.
여자: 아, 네. 고맙습니다. 그런데 언제쯤 물건을 받을 수 있을까요?
남자: 보통 두세 시간 정도 걸립니다.

[13 ~ 16] **다음을 듣고 내용과 일치하는 것을 고르십시오.** (각 2점)

13.

여자: 구청에서 진로 상담 프로그램을 운영한대.
남자: 응. 나도 들었어. 무료로 적성 검사도 해 준다고 그러던데.
여자: 그래? 한번 해 볼 만하겠다. 어떻게 신청하면 되는 거지?
남자: 음. 내가 문의해 보고 알려 줄게.

14.

남자: 안내 말씀드리겠습니다. 서울로 가는 우리 열차는 지금 공사 구간을 지나가고 있어서 천천히 운행하고 있습니다. 그리고 우리 열차는 부산으로 가는 KTX 열차를 먼저 보내기 위해 잠시 후 다음 정차역인 대전역에서 10분간 더 정차하겠습니다. 손님 여러분께 불편을 드려 죄송합니다.

15.

남자: 다음은 생활 정보입니다. 요즘 많이들 더우시죠? 때 이른 더위로 한강 공원의 야외 수영장이 작년보다 일주일 빨리 개장한다는 소식입니다. 개장 후 일주일 동안은 정상가의 50%로 이용이 가능합니다. 또한 올해부터 가족 티켓 판매를 시작한다고 하는데요. 4인 가족 방문 시 1명은 무료로 입장이 가능하다고 하니 이번 기회 미리 휴가 다녀오시는 게 어떨까요?

16.

여자: 서울아트센터에서 하는 '정오의 콘서트'가 요즘 큰 인기를 얻고 있다고 들었는데요.
남자: 네. 관객을 위해 다양한 서비스를 마련한 것이 효과적이었다고 생각합니다. 매달 마지막 목요일에는 지휘자가 관객들에게 음악에 대해 해설해 주는 '음악 이야기' 시간을 갖습니다. 그리고 금요일 공연을 관람하는 경우 1층 카페에서 무료로 커피를 제공하고 있습니다. 그래서 작년에 비해 '정오의 콘서트' 관람객 수가 많이 늘어난 것 같습니다.

[17 ~ 20] **다음을 듣고 남자의 중심 생각을 고르십시오.** (각 2점)

17.

남자: 지은 씨, 뭐 하세요?
여자: 아, 다음 주에 여행 가는데 인터넷으로 옷 하나 사려고요. 백화점이나 쇼핑몰에 직접 가는 것보다 시간도 아낄 수 있고 가격도 저렴하거든요.
남자: 저는 인터넷으로 사는 것도 시간이 꽤 걸리던데요. 그리고 아무래도 옷은 가서 입어보고 고르는 게 좋지 않아요? 색깔이나 모양이 화면으로 보는 것과 다른 경우도 많잖아요.

18.

남자: 요즘 부모들은 아이들이 잘못해도 왜 아무 말도 안 하지? 무조건 예뻐만 하는 건 문제인 것 같아.
여자: 아이들이 어려서 그러는 건데 그때마다 뭐라고 하는 건 안 좋은 거 아니야?
남자: 아무리 어려도 자기가 무엇을 잘못했는지는 바로 알려 줘야지. 그래야 다음에 같은 실수를 반복하지 않지.

19.

여자: 어휴, 연휴라 그런지 차가 많이 막히네.
남자: 그래서 내가 기차 타자고 했잖아. 기차 타면 여행 기분도 더 날 텐데 말이야.
여자: 하지만 애들 짐도 많고 부모님 선물도 있고 하니까 차가 편하지 않아?
남자: 그거야 내가 들면 되지. 잘못하다가는 부모님 뵙는 시간보다 차 안에 있는 시간이 더 많겠어.

20.

여자: '세상에서 두 번째로 맛있는 집'이라는 식당 이름이 참 재미있는데요. 사장님, 가게 이름을 이렇게 지으신 특별한 이유가 있으신가요?

남자: 요즘 사람들은 무엇이든지 1등이 되고 싶어 하는 것 같습니다. 하지만 저는 최고가 되기보다는 계속 최고를 향해 가는 사람이 되고 싶습니다. 내가 최고라고 생각하는 순간 거기에 만족하게 되니까요. 나보다 더 나은 사람이 있을 거라 생각하며 저는 앞으로도 항상 최선을 다할 겁니다.

[21 ~ 22] **다음을 듣고 물음에 답하십시오.** (각 2점)

여자: 여보, 당신 퇴직하면 우리 치킨 가게 하나 해 볼까요?

남자: 우리 가게라…. 좋지요. 하지만 만만하게 생각해서는 안 될 것 같은데요. 그런 가게는 사람들이 많이 오가는 곳에 차려야 성공할 수 있는데 그런 데는 가게도 비싸고요.

여자: 시장에서 피자 가게 하는 친구가 그러는데 맛만 좋으면 가게가 어디에 있든지 손님들이 다 알아서 찾아온대요.

남자: 그래도 손님들이 쉽게 가게를 찾을 수 있는 곳이어야 하지 않을까요?

21. **남자의 중심 생각으로 맞는 것을 고르십시오.**

22. **들은 내용으로 맞는 것을 고르십시오.**

[23 ~ 24] **다음을 듣고 물음에 답하십시오.** (각 2점)

남자: 여보세요. 나무호텔이죠?
여자: 네, 고객님. 무엇을 도와드릴까요?
남자: 다음 주 토요일에 3명, 1박 예약했는데요. 호텔에서 진행하는 자연 체험 교육을 예약하고 싶어서요.
여자: 자연 체험 교육은 20명 이상 단체만 가능합니다.
남자: 아, 그렇군요. 그러면 아이하고 할 수 있는 가족 체험 프로그램은 없나요?
여자: 죄송하지만 가족을 위한 체험 프로그램은 현재 준비 중에 있습니다. 대신 호텔 뒤 등산로에 아이들이 놀 수 있는 '숲속놀이터'를 새로 만들었는데요. 이걸 이용해 보시는 건 어떨까요?

23. **남자가 무엇을 하고 있는지 맞는 것을 고르십시오.**

24. **들은 내용으로 맞는 것을 고르십시오.**

[25 ~ 26] **다음을 듣고 물음에 답하십시오.** (각 2점)

여자: 전 국가대표 축구 선수 김민수 씨를 모시고 이야기 나누고 있는데요. 장애인 고용 기업을 운영하고 계시다고요.
남자: 네. 모두 아시겠지만 저는 교통사고로 장애를 입어 축구를 그만두게 됐습니다. 장애인이 되고 나니 생계를 유지하기가 어려웠죠. 이건 저뿐만 아니라 모든 장애인이 겪는 어려움일 거라고 생각합니다. 물론 정부에서 장애인에게 세금 혜택 등 여러 가지 지원을 해 주고 있지만 무엇보다도 장애인들이 자립할 수 있어야 한다고 생각했습니다. 그래서 저와 뜻을 같이하는 사람들이 모여서 장애인을 고용하는 회사를 차리게 됐습니다.

25. **남자의 중심 생각으로 맞는 것을 고르십시오.**

26. **들은 내용으로 맞는 것을 고르십시오.**

[27 ~ 28] **다음을 듣고 물음에 답하십시오.** (각 2점)

남자: 웬 신발을 이렇게 많이 샀어?
여자: 어제 신문에서 읽었는데 이 회사는 신발이 한 켤레 팔릴 때마다 가난한 아이에게 신발 한 켤레씩을 기부한대. 의도도 좋고 신발도 예뻐서 가족들 거까지 샀어.
남자: 겨우 신발 한 켤레 준다고 아이들의 삶이 얼마나 달라지겠어.
여자: 물론 신발이 가난을 해결해 주지는 못하지. 그런데 이 신발은 살면서 처음으로 갖는 자신만의 물건이래. 그래서 새 신발을 갖게 된 아이들은 스스로에 대한 자부심이 높아지게 되는 거지. 작은 사건을 계기로 인생이 바뀌는 사람들이 있잖아. 이 신발이 아이들에게는 그런 사건이 될 수도 있다는 거야. 어때? 멋지지 않아?

27. **여자가 남자에게 말하는 의도를 고르십시오.**

28. **들은 내용으로 맞는 것을 고르십시오.**

[29 ~ 30] **다음을 듣고 물음에 답하십시오.** (각 2점)

여자: 요즘 '왕라면'의 인기가 대단한데요. 지난달에 이어 이번 달에도 판매 1위를 차지했습니다. 성공의 비결이 뭘까요?

남자: 그 비결은 무엇보다 국물 맛에 있습니다. 저는 맛있는 국물을 만들기 위해 전국의 유명한 식당을 찾아다녔습니다. 그런데 맛의 비밀은 쉽게 가르쳐 주지 않더군요. 한 식당의 경우는 한 달 넘게 찾아가서 가르쳐 달라고 매달린 적도 있었습니다. 아주머니께서는 마지못해 저한테만 비밀이라며 비법을 가르쳐 주셨죠. 그 비결들을 가지고 실험실에서 다양한 실험을 수없이 반복했습니다. 사실 제가 라면을 좋아하는 편은 아닌데 '왕라면'을 만들기 위해 하루에 열 번도 넘게 라면을 먹은 적도 있었습니다.

29. **남자는 누구인지 맞는 것을 고르십시오.**

30. **들은 내용으로 맞는 것을 고르십시오.**

[31 ~ 32] **다음을 듣고 물음에 답하십시오.** (각 2점)

남자: 요즘 몇몇 영화관에서는 '좌석별 가격 차등제'가 시행되고 있습니다. 앞자리처럼 영화를 보기 불편한 자리는 싸게, 편안한 자리는 더 비싸게 파는 제도라고 하는데요. 전 이 제도가 문제가 있다고 생각합니다.

여자: 제 생각에 이건 매우 합리적인 제도인 것 같습니다. 불편한 앞자리인데도 편안한 자리와 똑같은 돈을 내고 영화를 보는 건 불합리한 것 아닌가요? 관객에게 선택의 기회도 줄 수 있고요.

남자: 그런데 저라면 아무리 싸도 앞자리에는 앉지 않을 것 같습니다. 저 같은 사람들은 돈을 더 내더라도 편안한 자리에 앉을 것 같은데 이건 결국 극장이 돈을 더 벌기 위해 만든 제도 아닌가요?

31. **남자의 생각으로 알맞은 것을 고르십시오.**

32. **남자의 태도로 알맞은 것을 고르십시오.**

[33 ~ 34] **다음을 듣고 물음에 답하십시오.** (각 2점)

남자: 여러분도 잘 아시는 조선왕조실록은 세계적으로 가치를 인정받는 기록물이지요. 수백 년 세월의 때가 묻은 기록물이 지금까지 보존되는 데는 기록을 남긴 사람들의 공헌이 크다고 할 수 있는데요. 요즘도 이렇게 기록을 담당하는 사람들이 있습니다. 바로 '기록연구사'입니다. 현대는 기록의 홍수라고 할 정도로 어느 것 하나 기록이 아닌 것이 없습니다. 그 중에는 없애도 되는 것도 있지만 외교 문서처럼 보존되어야 하는 것도 있고요. 이런 수많은 기록 중에서 남길 것과 버릴 것을 결정하는 것은 기록연구사가 해야 하는 중요한 일 중의 하나입니다. 기록연구사는 이처럼 기록물의 수명을 결정하는 아주 중요한 일을 합니다.

33. **무엇에 대한 내용인지 맞는 것을 고르십시오.**

34. **들은 내용으로 맞는 것을 고르십시오.**

[35 ~ 36] **다음을 듣고 물음에 답하십시오.** (각 2점)

남자: 지난 선거에 이어 이번에도 저를 선택해 주신 시민 여러분들께 존경과 감사의 인사를 드립니다. 지난 임기 동안 공약을 잘 실천한 점을 높이 평가해 주신 것 같습니다.이렇게 또 한 번의 기회를 주신 것은 살기 좋은 세계 100대 도시라는 목표를 향해 우리 시에서 추진하고 있는 정책을 완성하라는 뜻이라고 생각합니다. 이를 위한 첫 번째 과제는 현재 건립 중에 있는 전국 최대 규모의 의료원을 완공하는 것입니다. 빠른 시일 내에 공사를 마무리 지어 양질의 의료 서비스를 제공해 드릴 것을 약속드립니다. 앞으로도 시민이 행복한 도시를 만들기 위해 열심히 일하는 시장이 되겠습니다.

35. **남자는 무엇을 하고 있는지 고르십시오.**

36. **들은 내용으로 맞는 것을 고르십시오.**

[37 ~ 38] **다음은 교양 프로그램입니다. 잘 듣고 물음에 답하십시오.** (각 2점)

여자: 요즘 사진 없는 이력서를 도입하는 기업들이 늘고 있는데요. 그 이유가 뭔가요?

남자: 우리가 일반적으로 사용하는 이력서에는 반드시 사진을 붙여야 하죠. 그런데 인사 담당자들이 이 사진을 보고 전혀 영향을 받지 않는다는 건 아주 힘든 일입니다. 그래서 공정한 선발을 위해 사진 없는 이력서가 나오게 된 거죠. 그런데 앞으로는 '익명이력서'라는 새로운 형식의 이력서도 등장할 것 같습니다. '익명이력서'는 사진은 물론이고 이름, 성별, 생년월일 같은 개인 정보를 전혀 기재하지 않는 건데요. 능력 있는 인재를 공정하게 선발할 수 있는 좋은 대안이 되지 않을까 싶습니다.

37. **남자의 중심 생각을 고르십시오.**

38. **들은 내용과 일치하는 것을 고르십시오.**

[39 ~ 40] **다음은 대담입니다. 잘 듣고 물음에 답하십시오.** (각 2점)

여자: 이런 갈등은 개인 사업자가 태양광 발전소를 주거 지역 근처에 세우면서 시작되었는데요. 주거 지역과 발전소의 거리가 가까워지자 피해를 입게 된 지역 주민들이 반대를 하고 나선 거죠.

남자: 네, 그렇습니다. 조사를 진행해 보니 발전소에서 나오는 열과 반사되는 빛이 주민들의 건강은 물론이고 농작물과 축산 동물의 생산성에도 좋지 않은 영향을 미치고 있는 것으로 나타났습니다. 태양광 발전소를 설립하는 개인 사업자가 늘어나면서 이런 상황은 점점 심각해지고 있는데요. 태양광 발전소로 인해 빚어지는 갈등을 해결하기 위해서는 발전소 위치 선정에 대한 법적 기준이 마련되어야 할 것입니다.

39. **이 담화 앞의 내용으로 알맞은 것을 고르십시오.**

40. **들은 내용과 일치하는 것을 고르십시오.**

[41 ~ 42] **다음은 강연입니다. 잘 듣고 물음에 답하십시오.** (각 2점)

여자: 옛날에도 한여름에 얼음을 사용했다는 기록이 있는데요. 겨울에 강에서 채취한 얼음을 보관해 놓았다가 필요할 때 꺼내서 썼다고 합니다. 그런데 얼음을 어떻게 보관했을까요? 네. 석빙고라는 얼음 창고가 있었죠. 특별한 냉동 장치가 없었는데도 석빙고의 온도는 0도 이하로 유지되었습니다. 그 비결에는 위치와 건축 재료 등 다양한 요인이 있지만 그중에서도 과학적인 구조가 가장 큰 역할을 했다고 할 수 있는데요. 반은 지하에, 반은 지상에 있는 구조로 만들어 석빙고의 온도 변화를 최소화했고, 지붕에 구멍을 내서 더운 공기가 바로 빠져나가도록 했습니다. 또 바닥은 경사지게 만들어 얼음이 녹으면서 생긴 물을 밖으로 흘려보내 영하의 온도를 유지했던 겁니다.

41. **여자의 중심 생각으로 맞는 것을 고르십시오.**

42. **들은 내용과 일치하는 것을 고르십시오.**

[43 ~ 44] **다음은 다큐멘터리입니다. 잘 듣고 물음에 답하십시오.** (각 2점)

남자: 지구의 표면은 여러 개의 판으로 나뉘어 있다. 판은 끊임없이 움직이기 때문에 판과 판이 부딪치는 지점에서는 지진이나 화산 폭발 같은 자연 재해가 일어난다. 그런데 역설적이게도 이 충돌이 인류에게 필요한 자원을 안겨 주기도 했다. 판이 충돌하면서 지각이 바뀔 때 지구 깊숙한 곳에 있던 구리나 금, 석유 등의 자원이 지표면으로 올라왔기 때문이다. 인간은 구리 등을 이용하여 단단한 연장을 만들었고 이것은 인류 문명을 급격하게 발달시켰다. 그래서 지도에 보이는 것처럼 가장 중요한 고대 문명 13곳 중 11곳과, 현존하는 세계 최대 도시 20곳 중 10곳이 판의 경계 근처에 있다. 인류는 판의 충돌로 인한 위험과 혜택을 동시에 안고 살아온 것이다.

43. **이 이야기의 중심 내용을 맞는 것을 고르십시오.**

44. **많은 주요 도시가 판의 경계에 있는 이유로 맞는 것을 고르십시오.**

[45 ~ 46] **다음은 강연입니다. 잘 듣고 물음에 답하십시오.** (각 2점)

여자: 세계는 4차 산업혁명의 시대에 들어섰는데요. 3차 산업혁명이 컴퓨터를 통한 생산과 유통의 자동화를 의미했다면 4차 산업혁명은 기계와 제품에 인공 지능을 부여해서 새로운 가치를 창출하는 것을 말합니다. 이해를 돕기 위해 걸음의 횟수를 재는 만보기를 예로 들어 볼까요? 인공지능을 갖춘 만보기는 걸음의 횟수, 즉 운동량을 재서 보험사에 보냅니다. 그러면 보험사는 운동을 꾸준히 한 사람에게 보험료를 할인해 주는 거죠. 앞으로는 법률이나 경영 등 다양한 분야에서 전문가 수준의 지식 서비스를 제공하는 로봇들도 등장할 겁니다. 4차 산업혁명이 가져올 미래는 전문가들도 예측이 불가능하다고 할 만큼 변화가 클 텐데요. 하지만 분명한 것은 이것이 새로운 성장 동력으로 국가 경쟁력 강화의 주요한 기반이 될 거라는 점입니다.

45. **들은 내용과 일치하는 것을 고르십시오.**

46. **여자의 태도로 가장 알맞은 것을 고르십시오.**

[47 ~ 48] **다음은 대담입니다. 잘 듣고 물음에 답하십시오.** (각 2점)

여자: 전통 공예를 발전시키기 위해서 전승자들을 육성하고 보호하는 새로운 정책이 필요하다는 의견이 많은데요. 어떻게 생각하십니까?

남자: 지금까지의 정책은 주요 전승자들을 인간문화재로 지정하고 그분들이 제자를 일대일로 교육해 전통 공예를 이어 나가는 것이었습니다. 그런데 이런 방식은 전승 종목이 사유화될 우려가 있을 뿐더러 요즘 젊은이들이 별로 선호하지 않는다는 단점이 있었죠. 그래서 좀 더 새로운 전승 정책이 필요하다고 봅니다. 예를 들면 대학에 전통 공예 관련 강의를 개설하고 거기에 예산과 인력을 지원하는 겁니다. 전승자들이 대학에 출강하고 연구에 참여하면서 개방적으로 인재를 양성하는 거죠. 그리고 전승자들의 작품을 정부가 인증해 주는 겁니다.

47. **들은 내용과 일치하는 것을 고르십시오.**

48. **남자가 말하는 방식으로 가장 알맞은 것을 고르십시오.**

[49 ~ 50] **다음은 강연입니다. 잘 듣고 물음에 답하십시오.** (각 2점)

여자: 영화를 보면 평범하고 자상하던 인물이 어느 집단의 일원으로 행동할 때는 끔찍하게 악해지는 경우가 종종 있는데요. 사회학자들은 개인적으로는 도덕적인 사람도 집단 속에서는 이기적이고 폭력적으로 변할 수 있다고 말합니다. 집단에서는 개인적인 친밀도도 서로 떨어지고, 누가 누구에게 책임을 물을 수도 없는 복잡한 관계가 되죠. 그래서 개인들은 자신의 책임은 면하면서 집단의 힘이 시키는 것은 무엇이든 하는 비도덕성에 합류하게 됩니다. 이것이 폭력이 구조화되는 이유와 과정입니다. 그래서 도덕적인 개인들이 만든 사회도 각 집단들의 속성과 이해관계에 따라 민족적, 인종적 충돌이나 이기심을 보이게 되지요. 그러므로 이런 집단 간의 관계는 도덕보다 힘의 역학관계에 따라 정치적으로 조정해야 하는 경우가 많습니다.

49. **들은 내용과 일치하는 것을 고르십시오.**

50. **여자가 말하는 방식으로 가장 알맞은 것을 고르십시오.**

[1 ~ 3] **다음을 듣고 알맞은 그림을 고르십시오.** (각 2점)

1.

여자: 어디가 아파서 오셨어요?
남자: 배가 아파서 왔는데요.
여자: 그럼 여기 이름과 생년월일을 쓰시고 잠깐 기다리세요.

2.

남자: 청소 다 했는데 설거지 좀 도와줄까요?
여자: 괜찮아요. 거의 다 했으니까 앉아서 좀 쉬어요.
남자: 그럼 설거지 끝나면 차 한 잔 같이 마셔요.

3.

남자: 여러분은 운동을 자주 하십니까? 문화체육관광부 조사 결과에 따르면 우리 국민이 주 1회 이상 생활체육에 참여하는 비율이 2014년 이후 계속해서 증가한 것으로 나타났습니다. 가장 많이 하는 운동은 '걷기'였으며 그 다음은 '등산', 그리고 '헬스'가 그 뒤를 이었습니다.

[4 ~ 8] **다음 대화를 잘 듣고 이어질 수 있는 말을 고르십시오.** (각 2점)

4.

남자: 왜 그래요? 뭐 잃어버렸어요?
여자: 제 가방이 어디에 있는지 모르겠어요.
남자: ______________________________

5.

남자: 점심시간이 지났는데도 식당에 사람이 많네요.
여자: 그러네요. 밥 먹으려면 한참 기다려야겠어요.
남자: ______________________________

6.

남자: 수미 씨, 면접시험은 어땠어요? 잘 본 것 같아요?
여자: 잘할 수 있었는데 떨려서 잘 못 본 것 같아요.
남자: ______________________________

7.

남자: 수미 씨, 다음 주까지 교환 학생 신청 기간이라던데 신청할 거예요?
여자: 그래요? 어떻게 알았어요?
남자: ______________________________

8.

여자: 저, 화장품을 주문했었는데요. 제가 주문한 제품과 다른 게 와서요.
남자: 아, 죄송합니다, 고객님. 물건을 저희에게 보내 주시면 확인하고 주문하신 제품으로 다시 보내 드리겠습니다.
여자: ______________________________

[9 ~ 12] **다음 대화를 잘 듣고 여자가 이어서 할 행동으로 알맞은 것을 고르십시오.** (각 2점)

9.

여자: 민수 씨, 지난번에 산 내 검은색 코트 못 봤어요?
남자: 그거 월요일에 세탁소에 맡겼잖아요. 내가 찾아다 줄까요?
여자: 괜찮아요. 그냥 내가 가서 찾아올게요.
남자: 그럼 들어올 때 우편물도 좀 갖다 줘요.

10.

여자: 여보세요? 민수 씨, 옆 사무실에서 안내 책자 받으러 왔는데요.
남자: 아, 네. 제가 밖에서 거래처 직원을 만나고 있어서요. 미안하지만 수미 씨가 상자에서 좀 꺼내서 주시겠어요?
여자: 네, 그럴게요. 그런데 상자는 어디에 있어요?
남자: 제 책상 밑에 뒀어요.

11.

여자: 여보, 욕실 전등을 좀 바꿔야겠어요.
남자: 그래요? 집에 전등 사다 놓은 거 있으면 가져와 봐요.
여자: 잠깐만요. 어디 있는지 찾아볼게요.
남자: 없으면 말해요. 내가 사러 갈게요.

12.

여자: 과장님, 여기 해외 파견 근무 지원자 명단입니다. 한번 보시겠어요?
남자: 아, 네. 이번에는 지원 현황이 어떻게 되지요?
여자: 확인해 봤는데 생각보다 지원자가 적습니다.
남자: 그거 큰일이군요. 그럼 인사과에 연락해서 추가 지원을 받을 수 있는지 알아보세요. 전 부장님께 말씀드릴게요.

[13 ~ 16] **다음을 듣고 내용과 일치하는 것을 고르십시오.** (각 2점)

13.

여자: 어제 모임에 왜 안 왔어? 연락도 없어서 궁금했잖아.
남자: 응, 어제 가벼운 교통사고가 나서 처리하느라 시간이 오래 걸렸거든.
여자: 정말? 자동차 산 지 얼마 안 됐는데 속상하겠다. 어디 다친 데는 없고?
남자: 응. 다행히 다친 데는 없어.

14.

여자: (딩동댕) 고객님들께 쇼핑 안내드립니다. 행사장에서는 청바지를 만 원에 세일하고 있습니다. 이 행사는 오늘 하루만 진행되니 고객 여러분들의 많은 관심 부탁드립니다. 또한 오늘 저희 쇼핑몰에서 5만 원 이상 구매하신 분들께는 양말을 드립니다. 영수증을 가지고 고객센터로 오십시오. 그럼 즐거운 쇼핑하시기 바랍니다. 감사합니다. (딩동댕)

15.

남자: 날씨 소식입니다. 현재 전국에 비가 내리고 제주도에는 폭우가 쏟아지고 있는데요. 이 비는 내일 아침에 대부분 그치겠고, 낮부터는 점차 맑아지겠습니다. 모레 아침에는 꽃샘추위가 찾아와 전국이 일시적으로 영하의 날씨를 보이겠는데요. 외출하실 때 따뜻하게 입으시는 것이 좋겠습니다.

16.

남자: 국내 배구 선수로는 처음으로 해외 무대에 진출한 김미경 선수 나와 계시는데요. 지난 1년 어떠셨는지 말씀 좀 해 주시죠.
여자: 처음에 말이 잘 안 통해서 힘들었는데요. 팀 동료들이 잘 챙겨 줘서 금방 적응할 수 있었습니다. 초반에 다리 부상으로 한 달간 경기에 못 나갔을 때 많이 답답했는데요. 복귀 후에는 팀이 우승하는 데 조금이나마 힘이 된 것 같아 기뻤습니다.

[17 ~ 20] **다음을 듣고 남자의 중심 생각을 고르십시오.** (각 2점)

17.

남자: 내 친구 민수 알지? 다음 달에 결혼하는데 가족들하고 친한 친구들 몇 명만 부른다고 하더라고. 결혼식은 사람들을 많이 초대하는 게 좋은 거 아냐?

여자: 아니. 정말 가까운 사람들만 초대하는 거, 나는 좋은 것 같은데. 비용 부담도 적을 거고. 요즘 그런 작은 결혼식이 유행이거든.

남자: 그래도 평생에 한 번뿐인 결혼식인데 너무 작게 하면 서운할 것 같아.

18.

남자: 수미 씨, 내일 신제품 발표 자료는 다 만들었지요?

여자: 네, 여기 있습니다. 지난번에 말씀해 주신 부분 보충해서 준비했습니다. 과장님께서 먼저 한번 봐 주시겠어요?

남자: 음, 내용이 너무 길고 복잡하네요. 제품의 특징을 짧지만 명확하게 소개해야 소비자들이 제품을 잘 이해할 수 있어요.

19.

여자: 어, 이 빵 지금 할인하네. 7개 묶어서 만 원밖에 안 하잖아. 우리도 사자.

남자: 글쎄, 나는 마트에서 이렇게 파는 게 정말 싼 건지 잘 모르겠어.

여자: 왜? 한 개씩 사면 비싼데 이럴 때 사면 싸게 살 수 있잖아.

남자: 지난번에도 묶음으로 샀다가 다 못 먹고 반이나 버렸잖아. 그냥 먹고 싶을 때 조금씩 사서 먹는 게 오히려 돈을 아끼는 거라고.

20.

여자: 이번 정규 앨범의 곡들 중 악기 없이 목소리만으로 노래한 곡들이 주목을 받고 있는데요. 이렇게 만드신 특별한 이유가 있나요?

남자: 다양한 악기도 좋지만 저는 가수가 가진 목소리가 최고의 악기라고 생각합니다. 저희 4명만 모이면 악기가 없어도 말씀하신 곡들을 언제 어디서나 사람들에게 들려 줄 수 있는데요. 저는 이렇게 가수들의 목소리만으로도 아름다운 음악을 만들 수 있다고 생각합니다.

[21 ~ 22] **다음을 듣고 물음에 답하십시오.** (각 2점)

여자: 김 선생님,올해 학교 홍보 용품은 뭐가 좋을까요? 작년처럼 우리 학교 이름이 들어간 수첩으로 할까요?
남자: 글쎄요. 수첩은 학생들이 잘 사용하지 않아서 학교 홍보에 효과가 없는 것 같아요. 작년에 학생들 반응도 별로였고요. 이번에는 우산이 어떨까요? 우산은 자주 사용하는 거니까 우산에 학교 이름을 새기면 학교를 알리는 데 좋을 거예요.
여자: 네, 알겠습니다. 그런데 무슨 색깔로 하는 게 좋을까요?
남자: 글쎄요. 그건 다음에 다른 선생님들과 같이 결정하도록 하죠.

21. **남자의 중심 생각으로 알맞은 것을 고르십시오.**

22. **들은 내용으로 맞는 것을 고르십시오.**

[23 ~ 24] **다음을 듣고 물음에 답하십시오.** (각 2점)

남자: 여보세요. 어린이박물관이죠? 오늘 2시 표 예매했는데요. 혹시 일찍 도착하면 1시에도 들어갈 수 있는지 해서요.
여자: 네, 안녕하세요? 그러시면 입구에서 2시 관람권은 환불 받으시고 1시 관람권을 새로 사시면 됩니다.
남자: 네, 알겠습니다. 그런데 혹시 박물관 안에 식사가 가능한 곳이 있나요?
여자: 따로 식당은 마련되어 있지 않습니다. 대신 3층에 가족 쉼터가 있는데요. 거기에서 준비해 오신 음식을 드실 수 있습니다.

23. **남자가 무엇을 하고 있는지 고르십시오.**

24. **들은 내용으로 맞는 것을 고르십시오.**

[25 ~ 26] **다음을 듣고 물음에 답하십시오.** (각 2점)

여자: 사장님께서는 어려운 이웃을 돕고 가난한 학생들을 지원하는 등 훌륭한 일을 많이 하고 계시는데요. 최근에는 '시민 영웅상'을 만드셨다고 들었습니다. 그게 어떤 상인가요?

남자: 네, 우리 주변에는 알려지지 않았지만 사회에 모범이 되는 분들이 있는데요. 그런 분들을 찾아서 상을 드리는 것입니다. 수상자가 원하지 않으면 시상식은 언론에 공개하지 않고 조용하게 진행합니다. 그동안 총 31명의 시민 영웅을 찾아 상장과 상금을 드렸는데요. 상금을 이웃을 위해 다시 기부하는 분도 계셨습니다. 또 화재 현장에서 아이를 구조한 대학생 수상자도 있었는데 졸업 후에 저희가 채용하기도 했습니다. 이렇게 사회로부터 받은 이익을 다시 사회로 돌려주는 것이 기업의 책임이라고 생각합니다.

25. **남자의 중심 생각으로 알맞은 것을 고르십시오.**

26. **들은 내용으로 맞는 것을 고르십시오.**

[27 ~ 28] **다음을 듣고 물음에 답하십시오.** (각 2점)

남자: 뉴스를 보니까 정부에서 다음 달 6일을 임시 공휴일로 지정했다던데.

여자: 그래? 5일하고 7일이 쉬는 날이라서 그런 모양이구나. 그날 쉬는 사람들은 좋겠다. 지난번 임시 공휴일에도 놀러 가는 사람이 많았대.

남자: 우리 회사도 쉬면 좋을 텐데. 임시 공휴일에는 우리도 쉬어야 하는 거 아냐?

여자: 맞아. 그날 회사에 나와야 하는데 아이 유치원이 쉬니까 당장 아이 맡길 데를 알아봐야 해.

남자: 우리처럼 못 쉬는 사람한테는 임시 공휴일이 별 소용이 없는 것 같아.

27. **남자가 여자에게 말하는 의도를 고르십시오.**

28. **들은 내용으로 맞는 것을 고르십시오.**

[29 ~ 30] **다음을 듣고 물음에 답하십시오.** (각 2점)

여자: 정원의 꽃들이 참 예쁘네요. 선생님은 여기에서 어떤 일을 하시나요?
남자: 이곳은 제가 작년부터 환자들에게 정원 가꾸기를 가르치고 있는 곳인데요. 저는 약을 사용하지 않고 식물을 이용해 그분들의 몸과 마음의 회복을 돕는 활동을 하고 있어요. 식물을 재배하면서 자연스럽게 치료 효과를 얻게 하는 거죠.
여자: 구체적으로 어떤 활동을 통해서 치료가 이루어지나요?
남자: 정원 가꾸기, 식물 재배하기, 꽃을 이용한 작품 만들기 등의 활동이 대표적인데요. 이런 크고 작은 신체 활동은 운동 능력을 향상시킬 수 있어요. 또한 식물의 향기를 맡으면서 느끼는 기쁨을 치료에 이용하는 것이죠. 정원에서 함께 재배한 식물을 판매함으로써 경제적으로 어려움을 겪고 있는 환자들에게 작은 도움도 드리고 있고요.

29. **남자는 누구인지 맞는 것을 고르십시오.**

30. **들은 내용으로 맞는 것을 고르십시오.**

[31 ~ 32] **다음을 듣고 물음에 답하십시오.** (각 2점)

남자: 같은 커피 전문점의 커피가 지역별로 가격이 다른 것에 소비자들이 불만을 표하고 있습니다. 동일한 재료와 방법으로 만드는데 왜 가격이 다른지 이해할 수가 없습니다.
여자: 커피 값은 임대료 등 매장의 여건에 따라 가격이 다를 수 있다고 생각합니다.
남자: 그렇다면 임대료가 낮은 지역의 커피 값이 비싼 이유는 뭡니까?
여자: 임대료만이 커피 값의 가장 중요한 기준이 되는 건 아닙니다. 시설이나 관리 비용 등 다양한 요인이 있는 거지요. 예를 들어 휴게소처럼 커피를 매장에서 마시지 않고 그냥 사 가는 손님이 많은 곳은 다른 곳에 비해 커피 값을 싸게 받을 수 있는 것처럼요.

31. **남자의 생각으로 알맞은 것을 고르십시오.**

32. **남자의 태도로 알맞은 것을 고르십시오.**

[33 ~ 34] **다음을 듣고 물음에 답하십시오.** (각 2점)

여자: 제 고향에 소목이라고 부르는 곳이 있습니다. 좀 독특한 지명이죠? 지형이 소가 누워 있는 형상인데, 소의 목 부분에 있는 마을이라고 해서 그렇게 불린다고 하네요. 이렇게 지명을 들여다보면 그 마을의 특징을 알 수 있는 경우가 있습니다. 동네 뒷산에 토끼가 많이 산다고 해서 토끼실이라 불리는 곳도 있습니다. 땅끝마을은 우리나라의 육지 중 가장 남쪽 끝에 있는 마을이라서 붙여진 이름이고요. 그럼 두물머리라는 지명은 왜 나온 것일까요? (잠시 후) 네, 그렇습니다. 그곳은 한강의 두 물길이 하나로 만나는 곳에 위치한 마을이라서 그렇게 불립니다. 여러분이 사는 곳의 이름에는 어떤 의미가 있는지 한번 찾아보시죠.

33. **무엇에 대한 내용인지 맞는 것을 고르십시오.**

34. **들은 내용으로 맞는 것을 고르십시오.**

[35 ~ 36] **다음을 듣고 물음에 답하십시오.** (각 2점)

남자: 신입생 여러분, 입학을 축하합니다. 우리 대학은 지난 40여 년간 과학 기술 발전을 선도해 왔고, 작년에 생명과학 분야에서 세계 10위권에 진입하는 쾌거를 이뤘습니다. 이곳에서 여러분은 학업과 기업 현장 실습을 병행하며 전문성을 키워 사회적 역할을 다하는 인재로 성장할 겁니다. 하지만 저는 훌륭한 인격을 갖추는 것이 전문 지식이나 실력보다 더 중요하다는 말씀을 드리고 싶습니다. 이 사회의 구성원으로서 기본적으로 갖추어야 할 도덕성과 타인을 배려하고 존중하는 마음을 갖춘 사람이 먼저 되십시오. 그리고 그 인격을 바탕으로 전문가로서의 역량을 키워 간다면 여러분들도 분명히 선배 졸업생들처럼 국내외에서 활발히 활동하며 각자의 분야에서 존경받는 전문가로 성장할 수 있을 겁니다.

35. **남자는 무엇을 하고 있는지 고르십시오.**

36. **들은 내용으로 맞는 것을 고르십시오.**

[37 ~ 38] **다음은 교양 프로그램입니다. 잘 듣고 물음에 답하십시오.** (각 2점)

> 남자: 요즘 수면 산업이 빠른 성장세를 보이고 있습니다. 입욕제나 수면안대 같은 숙면을 도와주는 제품들도 많이 나오고 있는데요. 이런 제품들이 수면 장애의 진정한 해법이 될 수 있을까요?
> 여자: 네, 불면증에 시달리는 사람들이 수면 보조 제품을 찾는 경우가 많죠. 그런데 무작정 이런 제품을 사용하기보다는 수면 장애가 왜 생겼는지 그 원인을 먼저 생각해 봐야 합니다. 그리고 그에 맞는 방법을 찾아 해결하려는 노력이 필요합니다. 수면 장애는 심리적인 상태나 생활 습관 같은 여러 가지 요인에 의해 발생하기 때문인데요. 문제의 근원을 모른 채 이런 제품에 의지하는 건 장기적으로 봤을 때는 의미가 없습니다.

37. **여자의 중심 생각으로 알맞은 것을 고르십시오.**

38. **들은 내용과 일치하는 것을 고르십시오.**

[39 ~ 40] **다음은 대담입니다. 잘 듣고 물음에 답하십시오.** (각 2점)

> 여자: 초기에 서울시에서 이 사업을 시작할 때에는 차량 정체 등의 이유로 주민들의 반대도 있었는데요. 지금은 어떤가요?
> 남자: 앞에서 말씀드린 것과 같이 서울시는 2차선이었던 차도를 1차선으로 줄이고 차들이 한 방향으로만 통행하도록 바꿨습니다. 그렇게 해서 남는 공간은 주차장으로 활용해 주차 공간 부족 문제를 해결했습니다. 그동안 도로에 불법 주차된 차로 인해 막히던 도로 상황도 이를 통해서 크게 나아졌지요. 또한 인도를 넓히고 도로의 제한 속도도 낮추면서 사고도 줄어들었습니다. 사전 설명회에서 나온 주민들의 의견을 사업에 적극 반영한 것도 큰 호응을 얻었고요. 그래서 지금은 처음 우려했던 것과는 달리 주민 만족도가 상당히 높습니다.

39. **이 담화 앞의 내용으로 알맞은 것을 고르십시오.**

40. **들은 내용과 일치하는 것을 고르십시오.**

[41 ~ 42] **다음은 강연입니다. 잘 듣고 물음에 답하십시오.** (각 2점)

여자: 자, 그럼 이 화면을 보시죠. 배우가 무대에서 관객들을 향해 혼잣말을 하고 있죠? 다른 배우들은 마치 이 배우의 말이 들리지 않는 것처럼 무대에서 자신의 연기를 계속하고요. 이렇게 무대 위의 다른 인물에게는 들리지 않고 관객만 들을 수 있도록 약속된 대사가 방백입니다. 방백은 연극 공연 중에 배우가 관객에게 극의 흐름이나 등장인물의 의도를 알려 주기 위해 사용되는데요. 방백만큼 등장인물의 숨겨진 심리를 분명하게 보여 주는 것은 없습니다. 그래서 관객은 방백을 통해 등장인물을 더 깊이 이해하게 되죠. 로마 시대부터 발달한 방백은 19세기 말에는 사용되지 않았습니다. 자연스럽지 못하다는 이유로요. 그러나 현대극에서는 필요에 따라 사용되며 등장인물에 대한 공감을 이끌어 내고 있습니다.

41. **이 강연의 중심 내용으로 맞는 것을 고르십시오.**

42. **들은 내용과 일치하는 것을 고르십시오.**

[43 ~ 44] **다음은 다큐멘터리입니다. 잘 듣고 물음에 답하십시오.** (각 2점)

남자: 어두운 밤, 나방들이 빛을 향해 모여든다. 나비와 비슷하지만 나비와는 다른 대접을 받아 온 나방. 사람들은 나방이 밤에만 나온다고 생각하지만 꽃에 앉아 꽃가루를 모으고 있는 이 나방처럼 낮에 활동하는 것들도 있다. 색깔이 칙칙하다는 것도 우리의 편견이다. 나비보다 색이 다양하고 무늬가 화려한 경우도 많다. 나방의 몸에 붙어 있는 가루들도 사람들이 나방을 싫어하는 이유 중의 하나이다. 인체에 해로운 성분이라는 오해 때문이다. 그러나 이것이 병을 유발하거나 특별한 화학 작용을 일으키는 경우는 없다. 나방의 애벌레는 식물의 잎을 먹어 해충으로 인식된다. 하지만 사실 숲의 생태계에서 보면 그들은 없어서는 안 될 존재이다. 대량 번식하는 나방의 애벌레는 새들의 가장 중요한 먹이인 것이다.

43. **이 이야기의 중심 내용으로 맞는 것을 고르십시오.**

44. **나방에 대한 설명으로 맞는 것을 고르십시오.**

[45 ~ 46] **다음은 강연입니다. 잘 듣고 물음에 답하십시오.** (각 2점)

여자: 비닐 포장재도 환경오염의 원인 중 하나입니다.그래서 과학 기술 분야에서는 친환경적인 소재 개발에 몰두해 왔는데요. 그중 하나가 음식 성분을 이용한 포장재입니다. 먼저 시도됐던 것은 탄수화물로 만든 포장재인데요. 미세 구멍이 많은 이 포장재는 산소를 제대로 막아 내기 어려워 기존 포장재를 대체하기에는 역부족이었죠. 최근에는 우유에 들어 있는 단백질로 포장재를 만드는 데 성공했습니다. 이건 먹어도 해롭지 않고, 버려도 잘 썩을 뿐만 아니라 산소도 더 잘 차단합니다. 앞으로 대량으로 생산할 수 있는 기술력이 확보된다면 비닐 포장재로 인한 심각한 환경오염 문제가 크게 개선될 겁니다. 이렇게 과학 기술은 생활의 편리함을 가져올 뿐만 아니라 환경 문제를 해결하는 데도 적극 활용되고 있습니다.

45. **들은 내용과 일치하는 것을 고르십시오.**

46. **여자가 말하는 방식으로 가장 알맞은 것을 고르십시오.**

[47 ~ 48] **다음은 대담입니다. 잘 듣고 물음에 답하십시오.** (각 2점)

여자: 요즘 양극화를 해소하고 국가 경제에 활력을 불어넣기 위한 방안으로 기본 소득이 언급되고 있습니다. 국가가 조건 없이 모든 국민에게 매달 일정한 생활비를 준다는 건데요. 이게 효과가 있을까요?

남자: 노동 없이 돈을 주면 사람들의 노동 의욕이 감소할 거라는 우려가 있는데요. 하지만 오히려 노동 의욕을 촉진할 거라고 보는 입장도 있습니다. 최소한의 소득이 보장되면 생계에 대한 부담을 덜 수 있으니까 자기가 하고 싶은 일을 열심히 할 거라는 거죠. 그리고 소비가 촉진되면서 경제를 활성화시키는 데 도움이 될 수도 있습니다. 최근 국가 단위로는 최초로 기본 소득 실험을 진행하고 있는 나라가 있는 데요. 이 실험이 인간의 게으른 본성을 확인하는 계기가 될지 새로운 복지 모델을 찾는 계기가 될지 결과를 지켜봐야 할 것 같습니다.

47. **들은 내용과 일치하는 것을 고르십시오.**

48. **남자의 태도로 가장 알맞은 것을 고르십시오.**

[49 ~ 50] **다음은 강연입니다. 잘 듣고 물음에 답하십시오.** (각 2점)

여자: 조선 시대에는 탕평책이라는 정책이 있었는데요. 조선 시대에도 오늘날의 정당 정치처럼 서로 입장을 같이 하는 사람들끼리 정치 세력을 형성하고, 반대되는 집단과 대립하기도 하는 정치 형태가 있었습니다. 이런 정치 세력을 붕당이라고 하는데요. 초반에는 붕당을 중심으로 여론을 모으고 서로를 견제하면서 효율적인 국정 운영이 이루어졌습니다. 그런데 갈수록 붕당 간의 갈등이 심화되면서 폐단이 생겨났죠. 이런 상황에서 모든 붕당이 정치에 골고루 참여할 수 있도록 한 것이 탕평책입니다. 특정한 정치적 이념과 이해관계를 떠나 인재를 고르게 등용함으로써 정치 세력의 균형을 이루고자 했던 것이죠. 불필요한 언쟁을 일삼고, 각자의 이익만을 추구하는 오늘날의 정치 상황에도 이런 균형을 위한 제도가 시행되어야 하지 않을까요?

49. **들은 내용과 일치하는 것을 고르십시오.**

50. **여자의 태도로 가장 알맞은 것을 고르십시오.**

[1 ~ 3] 다음을 듣고 알맞은 그림을 고르십시오. (각 2점)

1.

여자: 무엇을 도와 드릴까요?
남자: 이 지갑, 누가 잃어버린 것 같아요. 이 앞에 있었어요.
여자: 네, 이쪽으로 주세요.

2.

남자: 수미야, 괜찮아? 많이 아프겠다.
여자: 응, 다리가 아파서 못 일어나겠어.
남자: 그래? 내가 도와줄 테니까 천천히 일어나 봐.

3.

남자: 직장인들은 점심시간을 어떻게 보낼까요? 직장인의 점심시간은 한 시간이 70%였고, 한 시간 삼십 분은 20%, 한 시간 미만은 10%였습니다. 식사 후 활동은 '동료와 차 마시기'가 가장 많았으며, '산책 하기', '낮잠 자기'가 뒤를 이었습니다.

[4 ~ 8] **다음 대화를 잘 듣고 이어질 수 있는 말을 고르십시오.** (각 2점)

4.

여자: 민수 씨, 이번 주 모임 장소가 바뀌었대요.
남자: 그래요? 어디로 바뀌었어요?
여자: ______________________________

5.

남자: 기차표 알아봤는데 금요일 오후 표는 없는 것 같아.
여자: 그럼 토요일 아침은 어때?
남자: ______________________________

6.

여자: 내일 발표만 끝나면 이제 이번 학기도 끝나네요.
남자: 그러게요. 수미 씨, 방학 계획은 세웠어요?
여자: ______________________________

7.

남자: 이번에 새로 시작한 드라마 말이야. 진짜 재미있더라.
여자: 아, 그 시골에서 할머니랑 사는 아이 이야기?
남자: ______________________________

8.

여자: 팀장님, 프로그램 만족도 설문 조사를 만들어 봤는데요. 확인해 주시겠어요?
남자: 어디 봅시다. 음, 질문 수가 좀 많은 것 같네요.
여자: ______________________________

[9~12] **다음 대화를 잘 듣고 여자가 이어서 할 행동으로 알맞은 것을 고르십시오.** (각 2점)

9.

남자: 전시되어 있는 그릇들이 참 특이하고 멋지네요.
여자: 그렇죠? 판매도 한다니까 우리 하나 사 가요.
남자: 그럼 저 파란색 그릇은 어때요?
여자: 괜찮네요. 제가 가서 얼마인지 알아볼게요.

10.

남자: 고객님, 그럼 이 카드로 하실 거지요?
여자: 네. 그런데 카드는 바로 나오나요?
남자: 그럼요. 서류 작성은 제가 도와 드릴게요. 신분증 주시겠어요?
여자: 네, 잠깐만요.

11.

남자: 누나, 벽시계가 안 가는 것 같은데. 건전지가 다 됐나 봐.
여자: 어, 그러네. 건전지가 어디 있었던 것 같은데….
남자: 안방 서랍 안에 몇 개 있을 거야. 가져올게.
여자: 아니야. 내가 찾아올 테니까 너는 시계 좀 내려 줘.

12.

남자: 이수미 씨, 거래처랑 하는 회의, 자료는 다 준비됐어요? 회의 전에 먼저 보고 싶은데요.
여자: 지금 자료를 출력해 드릴까요?
남자: 네, 바로 뽑아 주세요. 거래처에 시간과 장소는 알려 줬죠?
여자: 어제 확인 이메일 보냈습니다.

[13~16] **다음을 듣고 내용과 일치하는 것을 고르십시오.** (각 2점)

13.

여자: 봉사 활동을 해 보고 싶은데 처음이라 뭘 해야 할지 모르겠어요.
남자: 봉사 활동을 소개해 주는 인터넷 사이트가 있는데 알려 줄까요?
여자: 네, 좋아요. 민수 씨도 이용해 본 적이 있어요?
남자: 그럼요. 종류도 다양하고 기간도 선택할 수 있어서 편해요.

14.

여자: 주민 여러분, 오늘은 아파트 소방 시설 점검이 있습니다. 1동부터 5동은 오전 아홉 시부터 열두 시까지, 6동부터 10동은 오후 한 시부터 네 시까지 점검합니다. 오늘 점검 중에는 비상벨이 여러 번 울릴 예정이니 놀라지 마시고 하던 일을 계속하시기 바랍니다.

15.

남자: 현재 태풍은 제주도를 지나고 있습니다. 제주도는 강한 바람과 함께 비가 내리고 있는데요. 이번 태풍은 특히 바람으로 인한 피해가 큽니다. 제주시에서는 간판이 떨어져 시민 두 명이 큰 부상을 입기도 했습니다. 태풍은 오늘 밤 늦게 동해를 지나 사라지겠습니다.

16.

여자: 이번 불꽃 축제를 성공적으로 마치셨다죠? 한국에는 불꽃 연출가가 몇 분 안 계신데, 불꽃 연출가가 되려면 무엇이 필요한가요?
남자: 우선 자격증이 있어야 하고요. 위험물을 다루니까 꼼꼼하고 침착한 성격이 좋습니다. 요즘은 음악에 맞춰 불꽃을 터뜨리니까 예술적 감각이 있으면 더 좋고요.

[17~20] **다음을 듣고 남자의 중심 생각을 고르십시오.** (각 2점)

17.

남자: 이거 어때요? 화분 크기도 적당하고 나무 모양도 예쁘고. 물을 자주 안 줘도 된다니까 키우기 편하겠어요.
여자: 음, 저는 그것보다 꽃이 많이 있는 화분이 좋은데…….
남자: 꽃은 금방 지고 지저분해져요. 이걸로 하는 게 어때요?

18.

남자: 신청서에 쓸 게 너무 많다. 문화 센터 수업을 신청하는 데 직업까지 쓸 필요가 있나?
여자: 신청자를 잘 알면 요구에 맞는 수업을 해 줄 수 있으니까 그렇지.
남자: 그런 건 따로 물어보면 되지. 정보를 너무 많이 요구하는 것 같아.

19.

여자: 여보, 아이들 책 좀 사야 하는데 온라인으로 주문해 줄래요?
남자: 직접 보고 사는 게 어때요?
여자: 전문가가 추천한 거예요. 그리고 책은 무거워서 사서 들고 오려면 힘들어요.
남자: 그래도 애들이 볼 거니까 내용을 먼저 살펴보고 사야지요.

20.

여자: 기자님이 진행하시는 시사 프로그램이 인기를 끄는 이유는 뭘까요?
남자: 저는 청취자가 누구인가를 먼저 생각합니다. 우리 방송을 듣는 분들은 보통 사람들이거든요. 그래서 저는 일반인의 수준에서 전문가들에게 끊임없이 질문합니다. 어려운 표현이 나오면 다시 설명해 달라고 부탁하기도 하고요.

[21～22] **다음을 듣고 물음에 답하십시오.** (각 2점)

21. **남자의 중심 생각으로 맞는 것을 고르십시오.**

여자: 교장 선생님, 지난주에 선생님들과 회의가 있었는데요 지하에 있는 빈 교실을 창고나 토론방으로 이용하자는 의견이 있었습니다.
남자: 음, 창고보다는 토론방이 더 낫지 않을까요? 학생들이 팀 과제를 준비하면서 편하게 얘기 나눌 공간이 부족하다는 말이 많았잖아요.
여자: 그런데 그 교실은 어둡고 환기가 잘 안 되는데 토론방으로 괜찮을까요? 에어컨도 설치가 안 돼 있고요.
남자: 그건 해결이 가능하지 않을까요? 거기를 창고로 쓰긴 좀 아까워요.

22. **들은 내용으로 맞는 것을 고르십시오.**

[23～24] **다음을 듣고 물음에 답하십시오.** (각 2점)

남자: 거기 청년희망센터죠? 면접 때 입는 정장을 무료로 빌릴 수 있다고 해서 전화드렸는데요. 어떻게 하면 되나요?
여자: 이 서비스는 인주시에 살고 있는 인주 시민이라면 누구나 이용할 수 있습니다. 신청은 회사 면접 보기 일주일 전부터 가능하고요. 대여 신청은 홈페이지에서 하시면 되는데요. 홈페이지에서 원하는 옷을 선택하고 예약한 날 신분증을 가지고 오시면 됩니다.
남자: 혹시 정장을 택배로도 받을 수 있을까요?
여자: 네, 이메일로 신분증 사본을 보내고 택배비를 내시면 됩니다.

23. **남자가 무엇을 하고 있는지 맞는 것을 고르십시오.**

24. **들은 내용으로 맞는 것을 고르십시오.**

[25~26] **다음을 듣고 물음에 답하십시오.** (각 2점)

여자: 선생님께서 만든 놀이터는 기존의 놀이터와 어떻게 다른가요?
남자: 이곳은 기존의 놀이터보다 크고 넓지만 그네나 미끄럼틀 같은 놀이 기구는 하나도 없습니다. 대신 모래밭과 물이 흐르는 개울이 있고, 작은 언덕도 있어요. 언덕 옆에 오래된 통나무들도 놓여 있고요. 이곳에 오면 아이들은 언덕을 오르거나 통나무를 타 보기도 하고 개울에서 물놀이를 하기도 해요. 놀이 기구가 없기 때문에 아이들은 무한한 상상력을 발휘하게 되는 거죠. 이곳에서 아이들은 각자 다른 방법으로 새로운 것들을 해 보면서 자유롭게 놉니다.

25. **남자의 중심 생각으로 맞는 것을 고르십시오.**

26. **들은 내용으로 맞는 것을 고르십시오.**

[27~28] **다음을 듣고 물음에 답하십시오.** (각 2점)

남자: 수미 씨, 이번 단합 대회 정말 좋지 않았어요? 저는 부서원들이랑 운동도 하고 음식도 같이 해 먹으니까 더 친해진 것 같아요.
여자: 그렇긴 한데 저는 좀 피곤했어요. 장소가 멀어서 이동하는 데 시간도 꽤 걸렸고요.
남자: 좀 피곤하긴 해도 서로 소통할 기회도 생기고, 가끔 교외로 나가 바람을 쐬는 것도 괜찮지 않아요?
여자: 단합 대회를 밖으로 나가서만 해야 하는 건 아니잖아요. 단합이나 소통을 위한 거라면 회사 안에서도 가능할 것 같아요.

27. **남자가 여자에게 말하는 의도를 고르십시오.**

28. **들은 내용으로 맞는 것을 고르십시오.**

[29~30] **다음을 듣고 물음에 답하십시오.** (각 2점)

여자: 오늘처럼 팬들로 가득 찬 야외 공연장 관리는 쉽지 않으시겠어요.
남자: 아무래도 실내 공연장보다 힘들긴 합니다. 저희는 공연을 하는 동안 무대 아래에서 사람들이 안전선을 넘어가지 못하게 하고, 열성 팬들의 돌발 행동에도 대비해야 하는데요. 야외 공연장은 관중이 많아서 관리가 더 힘들죠. 또 오늘처럼 비가 오면 사람들 움직임도 잘 안 보이거든요. 그래서 실내 공연장에 있을 때보다 훨씬 긴장됩니다.
여자: 다행히 오늘은 사고가 없었지만 사고가 발생하면 어떻게 하시나요?
남자: 무대의 가수들을 먼저 이동시키고 상황별 행동 수칙에 따라 대처를 합니다.

29. **남자는 누구인지 맞는 것을 고르십시오.**

30. **들은 내용으로 맞는 것을 고르십시오.**

[31~32] **다음을 듣고 물음에 답하십시오.** (각 2점)

여자: 이번 사건은 배가 고파서 식료품을 훔치다가 잡힌 경우입니다. 이 경우를 일반 범죄들과 동일하게 볼 수는 없죠.
남자: 안타까운 일이기는 하지만 생계형 범죄도 분명히 범죄입니다. 피해자도 존재하고요. 다른 범죄와 처벌을 달리할 필요가 없습니다.
여자: 처벌을 엄격하게 하는 것보다는 경제적 어려움을 해소하고 열심히 살 수 있도록 기회를 주는 것이 더 필요하지 않을까요?
남자: 처벌이 약해지면 분명 이를 악용하는 사람들이 나타날 것이고 그러면 비슷한 범죄가 계속 늘어나게 될 것입니다.

31. **남자의 생각으로 알맞은 것을 고르십시오.**

32. **남자의 태도로 알맞은 것을 고르십시오.**

[33~34] **다음을 듣고 물음에 답하십시오.** (각 2점)

여자: 우주 식품은 어떻게 만들까요? 우주 식품은 장기 보관을 위해 식품 내 미생물을 완전히 없애고, 얼린 후 건조시켜 만듭니다. 그리고 무중력 공간인 우주선에서는 음식의 국물이나 가루가 떠다니다 기계에 고장을 일으킬 수 있어 이런 종류는 되도록 피합니다. 우주에서 오래 활동하면 뼈와 근육이 약해지니까 칼슘과 칼륨이 들어 있는 식품을 꼭 포함하고요. 우주에서는 미각과 후각이 둔해져 맛을 잘 느끼지 못하기 때문에 음식을 더 자극적으로 만듭니다.

33. **무엇에 대한 내용인지 맞는 것을 고르십시오.**

34. **들은 내용으로 맞는 것을 고르십시오.**

[35~36] **다음을 듣고 물음에 답하십시오.** (각 2점)

남자: 저희 회사의 카메라를 사랑해 주시는 고객 여러분께 감사드립니다. 최근 발생한 카메라 오작동 문제에 대해 말씀드리고자 합니다. 먼저 사용에 불편을 드려 진심으로 죄송합니다. 문제가 발생한 제품들을 수거하여 면밀히 점검하였습니다. 점검 결과 카메라 내 특정 부품에서 하자가 발견되었습니다. 이는 모두 작년에 생산된 것인데 생산 과정에서 문제가 있었던 것으로 확인되었습니다. 작년에 출고된 제품은 원하시는 경우 언제든 새 제품으로 무상 교환해 드리겠습니다. 다시금 고객 여러분께 사죄의 말씀을 드립니다.

35. **남자는 무엇을 하고 있는지 고르십시오.**

36. **들은 내용으로 맞는 것을 고르십시오.**

[37~38] **다음은 교양 프로그램입니다. 잘 듣고 물음에 답하십시오.** (각 2점)

남자: 목재가 건축 재료로 다시 주목받게 된 이유는 무엇인가요?

여자: 새롭게 개발된 목재 가공 기술 덕분인데요. 이 기술을 사용해 단단하게 압축된 특수 목재를 만듭니다. 이 목재는 휘거나 틀어지지 않고, 강도도 전보다 훨씬 세졌습니다. 또 철근, 콘크리트보다 가볍고 유연해서 지진에도 강하고요. 공사 기간 단축 효과도 있는데요. 최근 18층짜리 목조 기숙사 건물이 70일 만에 지어져 화제가 됐었죠. 이런 점들로 인해 세계적으로 목조 건물에 대한 관심이 높아지고 있는 겁니다.

37. **여자의 중심 생각으로 알맞은 것을 고르십시오.**

38. **들은 내용과 일치하는 것을 고르십시오.**

[39~40] **다음은 대담입니다. 잘 듣고 물음에 답하십시오.** (각 2점)

여자: 왜 작사가와 작곡가들이 야구단에 소송을 제기한 건가요? 그동안 야구단에서 곡에 대한 사용료를 지불해 온 것으로 알고 있는데요. 남자: 사용료를 지불하긴 했지만 원작자 허락 없이 가사를 바꾸고 곡을 편집한 것에 대해서도 금액을 지불하라는 것이죠. 야구단에서 원곡을 그대로 사용했다면 이런 문제는 없었을 겁니다. 하지만 저작권법에 따르면 저작물의 내용이나 형식을 바꿀 경우 미리 원작자의 허락을 받아야 하고 이에 대한 비용도 지불하는 것이 맞습니다. 현재 이 문제로 당분간 야구장에서 응원가를 틀지 않기로 한 상황입니다.

39. **이 담화 앞의 내용으로 알맞은 것을 고르십시오.**

40. **들은 내용과 일치하는 것을 고르십시오.**

[41~42] **다음은 강연입니다. 잘 듣고 물음에 답하십시오.** (각 2점)

여자: 조선 시대 왕의 밥상인 수라상에는 각 지방의 제철 특산품이 올랐습니다. 그래서 왕은 수라상에 올라오는 식재료를 보고 각 지방의 상황을 두루 짐작할 수 있었지요. 그런데 나라에 가뭄이나 홍수 피해가 있으면 왕은 백성을 아끼는 마음에서 반찬 수를 줄이기도 했습니다. 수라상은 신하들의 분쟁을 잠재우기 위한 수단으로도 활용되었는데요. 신하들 간의 분쟁이 심해질 경우 왕은 반찬 수를 줄이겠다고 선언합니다. 그러면 신하들은 왕의 건강을 염려해서 잠시나마 분쟁을 멈추었지요. 왕이 수라상을 정치에 적절히 이용했던 겁니다.

41. **이 강연의 중심 내용으로 맞는 것을 고르십시오.**

42. **들은 내용과 일치하는 것을 고르십시오.**

[43~44] **다음은 다큐멘터리입니다. 잘 듣고 물음에 답하십시오.** (각 2점)

남자: 암컷 오랑우탄이 새끼를 안고 나뭇잎을 뜯고 있다. 사포닌 성분이 가득 들어 있는 이 나뭇잎은 지역 주민들에게 강력한 진통제로 쓰인다. 일반적으로 동물들은 사포닌의 쓴맛을 꺼리는데, 오랑우탄은 왜 이 나뭇잎을 뜯고 있을까? 최근 이 지역에서는 오랑우탄들이 나뭇잎을 씹어서 만든 즙을 팔에 바르는 모습이 자주 목격되었다. 주로 암컷 오랑우탄이 이런 행동을 하는데 새끼를 안고 다니느라 생긴 통증을 줄이려는 것으로 보인다. 몸이 좋지 않을 때 인간처럼 약초를 먹는 오랑우탄은 발견된 적이 있으나, 나뭇잎을 즙을 내어 바르는 모습이 목격된 것은 이번이 처음이다.

43. **이 이야기의 중심 내용으로 맞는 것을 고르십시오.**

44. **이 나뭇잎을 일반 동물들이 꺼리는 이유로 맞는 것을 고르십시오.**

[45~46] **다음은 강연입니다. 잘 듣고 물음에 답하십시오.** (각 2점)

여자: 오늘은 채소가 아닌 보석 '호박'에 대해 얘기해 보죠. 호박은 나무에서 흘러나온 수액이 굳어져서 생긴 것인데요. 일반적인 보석처럼 광물로 만들어진 게 아니라서 바닷물에 뜰 정도로 가볍습니다. 또 다른 보석들은 보통 흠집이나 불순물이 없어야 가치를 인정받지만 호박은 다릅니다. 워낙 투명하기 때문에 내부의 불순물이 그대로 보이는데, 불순물이 잘 보일수록 가치가 높습니다. 그래서 수천만 년 전의 생태계를 보여 주는 고대 곤충이나 식물의 잎 등이 들어가 있으면 다이아몬드만큼이나 비싼 가격에 팔리기도 합니다.

45. **들은 내용과 일치하는 것을 고르십시오.**

46. **여자가 말하는 방식으로 가장 알맞은 것을 고르십시오.**

[47~48] **다음은 대담입니다. 잘 듣고 물음에 답하십시오.** (각 2점)

여자: 인구 문제 해결을 위해 적정 인구부터 논의해야 한다는 것이군요.
남자: 네. 적정 인구란 사회의 규모와 경제적인 면에서 가장 바람직한 인구 수준을 말하는데요. 적정 인구 규모가 정해져야 그에 따른 인구 대책을 세울 수 있게 됩니다. 적정 인구는 일반적으로 사람들이 소비하는 자원의 요구량 또는 자원 생산에 필요한 땅 면적을 고려해 계산하는데요. 어떤 삶의 질과 방식으로 사느냐에 따라 요구되는 자원이 다르기 때문에 나라마다 적정 인구의 판정 기준에 차이가 있습니다. 따라서 적정 인구를 계산할 때는 국민들의 삶의 질도 함께 고려해야 합니다.

47. **들은 내용과 일치하는 것을 고르십시오.**

48. **남자의 태도로 가장 알맞은 것을 고르십시오.**

[49~50] **다음은 강연입니다. 잘 듣고 물음에 답하십시오.** (각 2점)

여자: 우리 몸의 장기를 다른 사람에게 이식하는 장기 이식 기술의 가장 큰 어려움은 바로 거부 반응이었습니다. 이식한 부위의 서로 다른 면역 체계 때문에 사망에 이르기도 했는데요. 1970년대에 이 면역력 문제를 해결하는 의료 기술이 개발되면서, 이식 성공률이 획기적으로 높아졌고 지금은 심장이나 뼈, 피부까지도 이식이 가능하게 됐지요. 그런데 이러한 의료 기술의 발전에도 불구하고 여전히 필요한 만큼의 장기 기증은 이루어지지 않고 있습니다. 이를 해결하기 위해 현재 인공 장기를 이식하는 연구가 한창이라고 하니 장기 이식의 새로운 가능성이 열릴 것으로 기대됩니다.

49. **들은 내용과 일치하는 것을 고르십시오.**

50. **여자의 태도로 가장 알맞은 것을 고르십시오.**

TOPIK

Test of Proficiency In Korean

答案用紙

제 회 한국어능력시험
TOPIK Ⅱ
1 교시 (듣기)

성 명 (Name)	한 국 어 (Korean)	
	영 어 (English)	

수 험 번 호

					8						
⓪	⓪	⓪	⓪	⓪		⓪	⓪	⓪	⓪	⓪	⓪
①	①	①	①	①		①	①	①	①	①	①
②	②	②	②	②		②	②	②	②	②	②
③	③	③	③	③		③	③	③	③	③	③
④	④	④	④	④		④	④	④	④	④	④
⑤	⑤	⑤	⑤	⑤		⑤	⑤	⑤	⑤	⑤	⑤
⑥	⑥	⑥	⑥	⑥		⑥	⑥	⑥	⑥	⑥	⑥
⑦	⑦	⑦	⑦	⑦		⑦	⑦	⑦	⑦	⑦	⑦
⑧	⑧	⑧	⑧	⑧		⑧	⑧	⑧	⑧	⑧	⑧
⑨	⑨	⑨	⑨	⑨		⑨	⑨	⑨	⑨	⑨	⑨

※결 시 확인란	결시자의 영어 성명 및 수험번호 기재 후 표기	⬯

※답안지 표기 방법(Marking examples)

바른 방법(Correct)	바르지 못한 방법(Incorrect)
●	∅ ⊙ ◐ ⊗ ✗

※ 위 사항을 지키지 않아 발생하는 불이익은 응시자에게 있습니다.

※감독관 확 인	본인 및 수험번호 표기가 정확한지 확인	(인)

번호	답		란	
1	①	②	③	④
2	①	②	③	④
3	①	②	③	④
4	①	②	③	④
5	①	②	③	④
6	①	②	③	④
7	①	②	③	④
8	①	②	③	④
9	①	②	③	④
10	①	②	③	④
11	①	②	③	④
12	①	②	③	④
13	①	②	③	④
14	①	②	③	④
15	①	②	③	④
16	①	②	③	④
17	①	②	③	④
18	①	②	③	④
19	①	②	③	④
20	①	②	③	④

번호	답		란	
21	①	②	③	④
22	①	②	③	④
23	①	②	③	④
24	①	②	③	④
25	①	②	③	④
26	①	②	③	④
27	①	②	③	④
28	①	②	③	④
29	①	②	③	④
30	①	②	③	④
31	①	②	③	④
32	①	②	③	④
33	①	②	③	④
34	①	②	③	④
35	①	②	③	④
36	①	②	③	④
37	①	②	③	④
38	①	②	③	④
39	①	②	③	④
40	①	②	③	④

번호	답		란	
41	①	②	③	④
42	①	②	③	④
43	①	②	③	④
44	①	②	③	④
45	①	②	③	④
46	①	②	③	④
47	①	②	③	④
48	①	②	③	④
49	①	②	③	④
50	①	②	③	④

제 회 한국어능력시험
TOPIK II
1 교시 (쓰기)

성 명 (Name)	한 국 어 (Korean)	
	영 어 (English)	

수	험	번	호								
					8						
⓪	⓪	⓪	⓪	⓪		⓪	⓪	⓪	⓪	⓪	⓪
①	①	①	①	①		①	①	①	①	①	①
②	②	②	②	②		②	②	②	②	②	②
③	③	③	③	③		③	③	③	③	③	③
④	④	④	④	④		④	④	④	④	④	④
⑤	⑤	⑤	⑤	⑤		⑤	⑤	⑤	⑤	⑤	⑤
⑥	⑥	⑥	⑥	⑥		⑥	⑥	⑥	⑥	⑥	⑥
⑦	⑦	⑦	⑦	⑦		⑦	⑦	⑦	⑦	⑦	⑦
⑧	⑧	⑧	⑧	⑧	●	⑧	⑧	⑧	⑧	⑧	⑧
⑨	⑨	⑨	⑨	⑨		⑨	⑨	⑨	⑨	⑨	⑨

※결 시 확인란	결시자의 영어 성명 및 수험번호 기재 후 표기	○

※답안지 표기 방법(Marking examples)	
바른 방법(Correct)	바르지 못한 방법(Incorrect)
●	☑ ⊙ ◐ ⊗ ✗

※ 위 사항을 지키지 않아 발생하는 불이익은 응시자에게 있습니다.

※감독관 확 인	본인 및 수험번호 표기가 정확한지 확인	(인)

주관식 답안은 정해진 답란을 벗어나거나 답란을 바꿔서 쓸 경우 점수를 받을 수 없습니다.
(Answers written outside the box or in the wrong box will not be graded.)

51	㉠	
	㉡	
52	㉠	
	㉡	
53	아래 빈칸에 200자에서 300자 이내로 작문하십시오 (띄어쓰기 포함). (Please write your answer below; your answer must be between 200 and 300 letters including spaces.)	

50

100

150

200

250

300

※ 54번은 뒷면에 작성하십시오. (Please write your answer for question number 54 at the back.)

OMR 答案用紙(練習用)

54	주 관 식 답 란 (Answer sheet for composition) 아래 빈칸에 600자에서 700자 이내로 작문하십시오 (띄어쓰기 포함). (Please write your answer below; your answer must be between 600 and 700 letters including spaces.)

54

※ 주어진 답란의 방향을 바꿔서 답안을 쓰면 '0' 점 처리됩니다.
(Please do not turn the answer sheet horizontally. No points will be given.)

제　회 한국어능력시험
TOPIK II
2 교시 (읽기)

성 명 (Name)	한 국 어 (Korean)	
	영　어 (English)	

수	험	번	호								
					8						
⓪	⓪	⓪	⓪	⓪		⓪	⓪	⓪	⓪	⓪	⓪
①	①	①	①	①		①	①	①	①	①	①
②	②	②	②	②		②	②	②	②	②	②
③	③	③	③	③		③	③	③	③	③	③
④	④	④	④	④		④	④	④	④	④	④
⑤	⑤	⑤	⑤	⑤		⑤	⑤	⑤	⑤	⑤	⑤
⑥	⑥	⑥	⑥	⑥		⑥	⑥	⑥	⑥	⑥	⑥
⑦	⑦	⑦	⑦	⑦		⑦	⑦	⑦	⑦	⑦	⑦
⑧	⑧	⑧	⑧	⑧	●	⑧	⑧	⑧	⑧	⑧	⑧
⑨	⑨	⑨	⑨	⑨		⑨	⑨	⑨	⑨	⑨	⑨

※결 시 확인란	결시자의 영어 성명 및 수험번호 기재 후 표기	○

※답안지 표기 방법(Marking examples)	
바른 방법(Correct)	바르지 못한 방법(Incorrect)
●	✓ ⊙ ◐ ⊗ ✗

※ 위 사항을 지키지 않아 발생하는 불이익은 응시자에게 있습니다.

※감독관 확 인	본인 및 수험번호 표기가 정확한지 확인	(인)

번호	답		란	
1	①	②	③	④
2	①	②	③	④
3	①	②	③	④
4	①	②	③	④
5	①	②	③	④
6	①	②	③	④
7	①	②	③	④
8	①	②	③	④
9	①	②	③	④
10	①	②	③	④
11	①	②	③	④
12	①	②	③	④
13	①	②	③	④
14	①	②	③	④
15	①	②	③	④
16	①	②	③	④
17	①	②	③	④
18	①	②	③	④
19	①	②	③	④
20	①	②	③	④

번호	답		란	
21	①	②	③	④
22	①	②	③	④
23	①	②	③	④
24	①	②	③	④
25	①	②	③	④
26	①	②	③	④
27	①	②	③	④
28	①	②	③	④
29	①	②	③	④
30	①	②	③	④
31	①	②	③	④
32	①	②	③	④
33	①	②	③	④
34	①	②	③	④
35	①	②	③	④
36	①	②	③	④
37	①	②	③	④
38	①	②	③	④
39	①	②	③	④
40	①	②	③	④

번호	답		란	
41	①	②	③	④
42	①	②	③	④
43	①	②	③	④
44	①	②	③	④
45	①	②	③	④
46	①	②	③	④
47	①	②	③	④
48	①	②	③	④
49	①	②	③	④
50	①	②	③	④

OMR 答案用紙(練習用)

韓国語能力試験ならびに本書および音声 mp3 の内容についてのお問い合わせは下記へ（三修社ではお答えできません）

公益財団法人韓国教育財団
〒 108-0073 東京都港区三田 2-10-6 三田レオマビル 9 階
https://www.kref.or.jp/
e-mail: topik@kref.or.jp

第 47 回＋第 52 回＋第 60 回
韓国語能力試験過去問題集〈TOPIK II〉

2023 年 6 月 10 日　第 1 刷発行

著　者	NIIED（韓国国立国際教育院）
編　集	公益財団法人韓国教育財団
発行者	前田俊秀
発行所	株式会社三修社 〒 150-0001 東京都渋谷区神宮前 2-2-22 （販売について・三修社） TEL. 03-3405-4511　FAX. 03-3405-4522 振替口座　00190-9-72758 （内容について・韓国教育財団） e-mail: topik@kref.or.jp
印刷製本	日経印刷株式会社
CD 製作	株式会社メディアスタイリスト

Printed in Japan　　ISBN978-4-384-06063-8 C1087

三修社のホームページ
https://www.sanshusha.co.jp